JN023876

アメリカ、イギリス、カナダ、オーストラリア
政府公認

|伝わる|

短い英語

新しい世界基準　Plain English

浅井満知子〔著〕

東洋経済新報社

はじめに

　「ある自動車メーカーが、インドとフィリピンに進出するにあたり、現地向けの文書を平易な英語で翻訳できる会社を探していますが、御社で対応できますか」。1998年、私が翻訳会社を設立して間もない頃に、このような仕事の依頼が飛び込んできました。これが、プレイン・イングリッシュ（Plain English）との出会いでした。

　その依頼を受け、プレイン・イングリッシュへの翻訳作業を進める中で、自分が起業する前に勤めていた翻訳会社時代に「一語一句、逐語翻訳するべき」という日本人チェッカーと「シンプルでクリアな英語にするべき」というアメリカ人リライターの間で、板挟みとなり、判断を求められたシーンが脳裏に浮かびました。

　「これだったのか！」

　翻訳業界の常識である「正確な翻訳」と読み手に「伝わる翻訳」との間にぼんやりと感じていた乖離は確信に変わり、その乖離の溝を埋めるポイントが具体的にイメージできた瞬間でした。

　プレイン・イングリッシュは「速く」「効率的で」「理解しやすい」簡潔な英語伝達法です。読者、聞き手に効果的に情報を伝達し、「次のアクションへつなげてもらう」というニーズに応えるコミュニケーション手段です。

　日本語は相手への敬意や丁寧さを重んじる気持ちから、受け身の表現やダイレクトなものの言い方を避けた婉曲的な表現を多用することが特徴です。また、背景や経緯、理由を重視し「起承転結」の文章スタイルをとり、重要情報（結論）が最後まで述べられません。

逆に英語は重要情報（結論）を最初に述べ、あとに補足していくという伝達のスタイルです。日本語の文章をそのまま英語に翻訳すると、冗長的表現となり、伝えたいことがぼんやりしてしまうため、日本語をそのまま忠実に翻訳することには無理があります。

　それ以降、アメリカ人翻訳者らとタッグを組み、多くのドキュメントをプレイン・イングリッシュで翻訳する機会をいただき、10年にわたりそのノウハウを蓄積してきました。

　プレイン・イングリッシュへの翻訳作業により私が学んだことは、グローバル化において、コミュニケーションがいかに重要であるかということでした。グローバル化を成功させる最初の一歩は、円滑なコミュニケーションです。プレイン・イングリッシュを使い続けている前述の自動車メーカーは、世界トップクラスのカーメーカーとして現在も世界各国で業界を牽引しています。翻訳会社の使命は単なる言葉の置き換えでなく、お客様が翻訳後のドキュメント（情報）を手に海外の相手と有利にビジネスを進め、成功するためにアシストすることという想いを日々新たにしています。

　プレイン・イングリッシュの歴史をひも解くと、イギリスの大蔵省より公共サービスの向上のため依頼を受けた、ひとりの上級官僚アーネスト・ガワーズによって、1948年に「容易かつ正確に、言いたいことを読み手に把握させること」の手引書が開発され、政府の公文書の読みやすさの改革を進めたことがその端緒となりました。アメリカ政府も同時期にイギリスに追随し、「費用対効果」（cost-effective）と「政府の公文書のわかりやすさ」を推進することで、ひとりでも多くの国民が規制を遵守し、そのパフォーマンスの向上を目指すために、大統領令が発令されました。

　現在では、両国の機関が平易な言語を義務化する長期的な政策をとっており、たとえばアメリカ証券取引委員会（SEC）は、1998年に企業に対して財務報告書をプレイン・イングリッシュで記述することを求め、

ガイドラインを発行しました。そして現在では、新聞、雑誌など一般的に使用されています。

　プレイン・イングリッシュでは、読者の読解力や文章の目的を明確にしてから文章を書き始めます。いかに効果的に理解してもらうか、いかに文章の目的（たとえば行動を促すなど）を確実に達成するかを考えながら、単語の難易度を吟味し、文の長さや論理構成に注意を払います。

　文章の作成後、プレイン・イングリッシュのガイドラインに即した記述で書かれているかを数値指標で判定しながら、その数値指標が目標値に達するまで校正を繰り返します。JPELC（Japan Plain English & Language Consortium）のウェブサイトでもこの判定ツールを日本語化し公開しています。数値判定と診断ツールについては、本書の中で解説しています。このツールを繰り返し使いながら英文を書くことにより、どう修正すればプレイン・イングリッシュになるか、というコツもつかめるようになります。

　また、プレイン・イングリッシュを書くためのルールを習得された多くの方は、それらが英語の文章だけでなく日本語の文章を書くうえでも有効であることに気づかれるはずです。プレイン・イングリッシュのルールに則して書かれた日本語の文章（プレイン・ジャパニーズ）は、簡潔で理解しやすいものになります。また、翻訳しやすい文章となっていますので、性能向上の著しい翻訳ツールを併せて使うことにより、英文作成の大幅な能率向上が期待できます。

　本書をお読みいただき、ひとりでも多くの方にプレイン・イングリッシュをご理解いただき、ビジネスの現場でのスピーディーなコミュニケーションに活かしていただきたいと思います。

2020 年 3 月

浅井　満知子

もくじ

第1章　世界で認められるプレイン・イングリッシュ

第2章　伝わりやすい英語を話す・書くために

第3章　10のガイドライン

第4章　プレイン・イングリッシュで話す

第5章　日本語をプレインにすれば英語はプレインになる

資　料

※本書に掲載されている URL は 2020 年 3 月現在のものです。

プレイン・イングリッシュは
最強のコミュニケーションツール

COLUMN **❶**

Andrew Silberman
（アンドリュー・シルバーマン）

AMT Group, K.K. President & Chief Enthusiast
慶應義塾大学　客員教授

曖昧な日本語、直接的な英語

　日本語は、文を最後まで読まないと意味がわからず、冗長な表現が多く、ハイ・コンテクストな言語です。しかし、ビジネスでは明確さが重要です。また、世界各国からさまざまな人が集まるグローバルな環境では、沈黙の意味を推し量るように求めることは現実的ではありません。

　日本人は思慮深く、相手を重んじ礼を尽くす文化ですので、直接的すぎるくらいで問題ありません。また、自分を礼儀正しく見せるための行動と、真に礼儀正しい行動とは異なるということも考えてみてください。本当の礼儀とは、相手に確実に理解してもらうための表現方法を使うことではないでしょうか。

PREP

　ビジネスにおいて話の内容を的確に表現することは必須です。的確な表現を用いてはじめてオーディエンスがあなたの意図や目的、感情を理解することができます。このようなコミュニケーションを実現させるのがPREPモデルです。Pが話の要点（Point）、Rが理由（Reason）、Eが短い例（Example）、Pが話の要点（Point）を意味しています。まずは要点を伝えた後、なぜそのように考えるのか理由を説明し、短い例を示した後、改めて要点を繰り返すこ

とで効果的なコミュニケーションが行えます。しかし日本では前置きが長く、なかなか結論に至りません。さもすると結論のないまま終わってしまうことも多く見受けられます。グローバルにビジネスを行ううえで、ぜひPREPを心がけてみてください。

YES BUTからYES ANDに

曖昧で話者の意図が伝わりにくい表現に「YES BUT」があります。たとえば、「私は賛成なのですが、会社が反対しています」というのは曖昧な表現です。YES ANDを使った効果的な表現に変えるとより的確に意図を伝えることができます。「私は賛成です。会社には○○という決まりがあるのですが、どのようにしたらあなたのアイデアを導入できると思いますか?」とすると、あなたが賛成していることがより明確になります。

また、BUTを使わずに肯定的な表現を積み重ねることで、ポジティブで前向きな姿勢を持っていることを示すことができます。

実は私は最初からプレイン・イングリッシュの価値を理解していたわけではありません。17、18歳になるまでは、難しいボキャブラリーを使うことで、自分の知性を示すことができると思っていました。「生徒が学ぶ準備ができた際に、師は現れる」という表現がありますが、高校3年生のときの国語の先生に出会ったことで明確・明快な英語ライティングに目覚めることができました。的確なビジネスコミュニケーションを行うために「プレイン・イングリッシュに勝るツールはない」と信じています。

プロフィール

Andrew Silberman(アンドリュー・シルバーマン)

「グローバルに考える人間を育てる」をモットーに1992年に創設されたAdvanced Management Training Group, K.K.の共同創設者。イリノイ州シカゴ出身。U.C.バークレー大学で産業社会における政治経済学を専攻。1984年卒業(BA)。1988年、モントレー国際大学院でMBAを取得。東京在住。妻とふたりの子供と暮らす。

第1章

世界で認められる
プレイン・イングリッシュ

プレイン・イングリッシュって
平易な英語？

　プレイン・イングリッシュは「速く」「効率的で」「理解しやすい」簡潔な英語伝達法です。読者、もしくは、聞き手に効果的に情報を伝達し、「次のアクションへつなげてもらう」というニーズに応えるコミュニケーション手段です。

　また、誤解を招かないよう「誰が読んでも同じ解釈になる」ことを目的にイギリス政府により開発され、時代とともにアメリカやカナダ、オーストラリアなど他の国の政府機関、公的機関でそれぞれ改良・工夫がなされてきました。

　プレイン・イングリッシュの定義は以下のようになります。

visually inviting　まず読んでみようと視覚的に思わせるように

logically organized　読者の必要な情報が論理的にわかりやすく整理されている

understandable on the first reading　一読して理解できる

in plain English　一般的に使用する平易な言葉で表現されている

　アメリカのロースクールで法務ライティング教育の豊富な経験をもつクリストファー・R・トルドー（Christopher R. Trudeau）教授は "The Public Speaks: An Empirical Study of Legal Communication"（2012）という論文の中で、「法的文書における言葉の使い方」についてまとめました。

　そこでは、伝統的かつ古典的で難解な法律文章とプレイン・イングリッ

シュの2つの選択肢がある場合、**80パーセントの人がプレイン・イングリッシュを好み**、専門知識のある人ほどプレイン・イングリッシュを好む傾向があると述べています。

　専門知識のレベルが高ければ高い人ほど、情報の処理量が増えるため、速くスムーズに読める文を好むということを示唆しています。

　プレイン・イングリッシュを直訳すると、「平易な英語」という意味になりますが、「英語のレベル自体を下げて、誰もが読めるようにしましょう」というものではありません。また、これくらいの英語を使えば通じるだろうと、安直に、感覚的に考えられたものでもありません。

　読み手をしっかり特定し、伝えたいこと、伝えなければならないことを相手に理解してもらうために、そして次の行動につなげてもらうために効果的に情報伝達をするコミュニケーション法として考え出されました。

「速く」「効率的で」「理解しやすい」伝達法

　プレイン・イングリッシュのメリットは、文章伝達であれば、読みやすさを高め、読者（読み手）のストレスを軽減することです。イメージとしては、人の呼吸と同じ長さでスムーズに読め、ダイレクトに頭に入る文章です。

　プレイン・イングリッシュで書くことで、次の効果が期待できます。

①あなたの所属する組織に対して、読者の理解が深まる
②あなたの配信する情報に基づいて、読者は的確な判断が下せるようになる
③読者とのコミュニケーションが良好になり、信頼関係が高まる
④読者の読みやすいように工夫しているため、Webサイトや電子媒体、印刷物の効果が高まる

アメリカやイギリス、カナダ、オーストラリアなどの英語圏で広く採用されている「速く」「効率的で」「理解しやすい」簡潔な英語の伝達法「プレイン・イングリッシュ」はもともと、明確に伝えることを重視して考えられた記述法です。**しかし、現在では記述だけに限らず、スピーキングでもこのコミュニケーション法が浸透しています。**

　この本で紹介していくプレイン・イングリッシュのガイドラインは、あくまでも皆さんの実務英語の円滑なコミュニケーションの手助けとなるためのガイドラインです。シェイクスピアのような美しい英文を書き、話すことを目的にしたものではありません。

　重要なことは「英語でコミュニケーションする目的は何か、そのために重視すべきは何か」を理解し、平易でも誤解なく、正確に、効果的に伝える英語を理解していただくことです。

　そして、ひとりでも多くの日本人に英語を身近に感じていただき、グローバルな共通言語である英語を使い、世界に向けて情報発信したり、あなた自身の可能性を広げていただくための、ちょっとしたコツを知っていただきたいと思います。What's your point?（何が言いたいの？）などと言われないように、自信をもってコミュニケーションしていただければと思います。

　また、英語に限らず日本語でも、このガイドラインにしたがって簡潔な表現を心がけていただくことで、ビジネス上での円滑なコミュニケーションが身につく近道となると思います。

アメリカ、イギリス、カナダ、オーストラリアで採用

　アメリカとイギリスでは、1970年代にプレイン・イングリッシュを求める市民運動が起こりました。

図表1－1　イギリスでのプレイン・イングリッシュ推進

国会議事堂前で政府からの手紙をシュレッダーにかける市民の姿が全国ネットでテレビ放送された。

（出所）http://www.plainenglish.co.uk/files/issue65.pdf

　市民運動が起こった時期はどちらの国もほぼ同時期ですが、その目的は異なりました。

　イギリスでは行政改革と行政サービスの改善を求める市民運動として、

プレイン・イングリッシュの必要性が叫ばれました。

1979年に、マーガレット・サッチャー氏が首相に就任したことで、公的文書でのプレイン・イングリッシュの採用に、一気に弾みがつきました。サッチャー首相は「小さな政府」を目指し、国営企業の民営化、公的支出のカット、規制緩和を推進し「行政改革」に取り組みます。サッチャリズムと呼ばれる経済・社会政策です。サッチャー首相は「プレイン・イングリッシュ」推進のサポーターであることを大々的に公言し、公文書の平易化を訴える国民からの支持を取りつけることで、改革の後押しとしました。

1979年に官邸にEfficiency Unit（効率化推進室）を創設し、民間から管理改革の経験者を迎え、1983年までに130もの行政手続きの合理化を実施し、3年間に6万5000の書式が点検され、うち1万5700が廃棄、2万1300の文章が改訂されました（Cutts & Maher［1986］、p.20）。増大していた規制と公務員の削減に効果があったと考えられています。国家監察局は、1983年までに表面上は4億2000万ポンド、実質的には1億7000ポンドの節約が行われたと報告しています（Haddon［2012］、p.6）。

プレイン・イングリッシュの果たした役割は、当初の期待をはるかに上回るものでした。

一方、アメリカでは企業に対する消費者運動として、プレイン・イングリッシュの必要性が叫ばれ、全国規模の運動に広がりました。1970年代初頭、消費者から企業に対し、契約文の難解さに苦情と訴訟が相次ぎ、企業はその対応に多くの時間と費用を費やさざるを得ませんでした。

1975年に大手銀行の1つであるシティバンクは、契約書の形式と表記を「プレイン・イングリッシュ」の記述ルールに則り、書式をわかりやすく改訂したことを発表すると、消費者から大きな反響とともに共感を呼びました。それが契機となって、追随する形で他の企業や行政の文書改革に拍車がかかりました。

図表１－２　改訂前：シティバンクの契約書

Original Citibank Promissory Note

FIRST NATIONAL CITY BANK	PROCEEDS TO BORROWER	(1) $______
PERSONAL FINANCE DEPARTMENT - NEW YORK	PROPERTY INS. PREMIUM	(2) $______
APPLICATION	FILING FEE	(3) $______
NUMBER ______	AMOUNT FINANCED (1) + (2) + (3)	(4) $______
ANNUAL PER-	PREPAID FINANCE CHARGE	(5) $______
CENTAGE RATE ______%	GROUP CREDIT LIFE INS. PREMIUM	(6) $______
$______ TOTAL OF PAYMENTS (4) + (7)	FINANCE CHARGE (5) + (6)	(7) $______

FOR VALUE RECEIVED, the undersigned (jointly and severally) hereby promise(s) to pay to FIRST NATIONAL CITY BANK (the "Bank") at its office at 300 Park Avenue, New York, New York 10022 (i) THE SUM OF

______ ($ ______) (TOTAL OF PAYMENTS) (   ) IN ______ EQUAL CONSECUTIVE MONTHLY INSTALMENTS OF $ ______ EACH ON THE SAME DAY OF EACH MONTH, COMMENCING ______ DAYS FROM THE DATE THE LOAN IS MADE; OR (   ) IN ______ EQUAL CONSECUTIVE WEEKLY INSTALMENTS OF $______ EACH ON THE SAME DAY OF EACH WEEK, COMMENCING NOT EARLIER THAN 5 DAYS NOR LATER THAN 45 DAYS FROM THE DATE THE LOAN IS MADE OR (   ) IN ______ EQUAL CONSECUTIVE BI-WEEKLY INSTALMENTS OF $______ EACH, COMMENCING NOT EARLIER THAN 10 DAYS NOR LATER THAN 45 DAYS FROM THE DATE THE LOAN IS MADE AND ON THE SAME DAY OF EACH SECOND WEEK THEREAFTER; OR (   ) IN ______ EQUAL CONSECUTIVE SEMI-MONTHLY INSTALMENTS OF $______ EACH, COMMENCING NOT EARLIER THAN 10 DAYS NOR LATER THAN 45 DAYS FROM THE DATE THE LOAN IS MADE, AND ON THE SAME DAY OF EACH SEMI-MONTHLY PERIOD THEREAFTER. (ii) A FINE COMPUTED AT THE RATE OF 5¢ PER $1 ON ANY INSTALMENT WHICH HAS BECOME DUE AND REMAINED UNPAID FOR A PERIOD IN EXCESS OF 10 DAYS, PROVIDED (A) IF THE PROCEEDS TO THE BORROWER ARE $10,000 OR LESS, NO SUCH FINE SHALL EXCEED $5 AND THE AGGREGATE OF ALL SUCH FINES SHALL NOT EXCEED THE LESSER OF 2% OF THE AMOUNT OF THIS NOTE OR $25, OR (B) IF THE ANNUAL PERCENTAGE RATE STATED ABOVE IS 7.50% OR LESS, THE LIMITATIONS PROVIDED IN (A) SHALL NOT APPLY AND NO SUCH FINE SHALL EXCEED $25 AND THE AGGREGATE OF ALL SUCH FINES SHALL NOT EXCEED 2% OF THE AMOUNT OF THIS NOTE, AND SUCH FINE(S) SHALL BE DEEMED LIQUIDATED DAMAGES OCCASIONED BY THE LATE PAYMENT(S); (iii) IN THE EVENT OF THIS NOTE MATURING, SUBJECT TO AN ALLOWANCE FOR UNEARNED INTEREST ATTRIBUTABLE TO THE MATURED AMOUNT, INTEREST AT A RATE EQUAL TO 1% PER MONTH AND (iv) IF THIS NOTE IS REFERRED TO AN ATTORNEY FOR COLLECTION, A SUM EQUAL TO ALL COSTS AND EXPENSES THEREOF INCLUDING AN ATTORNEY'S FEE EQUAL TO 15% OF THE AMOUNT OWING ON THIS NOTE AT THE TIME OF SUCH REFERENCE, FOR NECESSARY COURT COSTS THE ACCEPTANCE BY THE BANK OF ANY PAYMENT(S) EVEN IF MARKED PAYMENT IN FULL OR SIMILAR WORDING, OR IF MADE AFTER ANY DEFAULT HEREUNDER, SHALL NOT OPERATE TO EXTEND THE TIME OF PAYMENT OF OR TO WAIVE ANY AMOUNT(S) THEN REMAINING UNPAID OR CONSTITUTE A WAIVER OF ANY RIGHTS OF THE BANK HEREUNDER.

IN THE EVENT THIS NOTE IS PREPAID IN FULL OR REFINANCED, THE BORROWER SHALL RECEIVE A REFUND OF THE UNEARNED PORTION OF THE PREPAID FINANCE CHARGE COMPUTED IN ACCORDANCE WITH THE RULE OF 78 (THE "SUM OF THE DIGITS" METHOD) PROVIDED THAT THE BANK MAY RETAIN A MINIMUM FINANCE CHARGE OF $10, WHETHER OR NOT EARNED, AND, EXCEPT IN THE CASE OF A REFINANCING, NO REFUND SHALL BE MADE IF IT AMOUNTS TO LESS THAN $1. IN ADDITION, UPON ANY SUCH PREPAYMENT OR REFINANCING, THE BORROWER SHALL RECEIVE A REFUND OF THE CHARGE, IF ANY, FOR GROUP CREDIT LIFE INSURANCE INCLUDED IN THE LOAN EQUAL TO THE UNEARNED PORTION OF THE PREMIUM PAID OR PAYABLE BY THE HOLDER OF THE OBLIGATION (COMPUTED IN ACCORDANCE WITH THE RULE OF 78), PROVIDED THAT NO REFUND SHALL BE MADE OF AMOUNTS LESS THAN $1.

AS COLLATERAL SECURITY FOR THE PAYMENT OF THE INDEBTEDNESS OF THE UNDERSIGNED HEREUNDER AND ALL OTHER INDEBTEDNESS OR LIABILITIES OF THE UNDERSIGNED TO THE BANK, WHETHER JOINT, SEVERAL, ABSOLUTE, CONTINGENT, SECURED, UNSECURED, MATURED OR UNMATURED, UNDER ANY PRESENT OR FUTURE NOTE OR CONTRACT OR AGREEMENT WITH THE BANK (ALL SUCH INDEBTEDNESS AND LIABILITIES BEING HEREINAFTER COLLECTIVELY CALLED THE "OBLIGATIONS"), THE BANK SHALL HAVE, AND IS HEREBY GRANTED, A SECURITY INTEREST AND/OR RIGHT OF SET-OFF IN AND TO (a) ALL MONIES, SECURITIES AND OTHER PROPERTY OF THE UNDERSIGNED NOW OR HEREAFTER ON DEPOSIT WITH OR OTHERWISE HELD BY OR COMING TO THE POSSESSION OR UNDER THE CONTROL OF THE BANK, WHETHER HELD FOR SAFEKEEPING, COLLECTION, TRANSMISSION OR OTHERWISE OR AS CUSTODIAN, INCLUDING THE PROCEEDS THEREOF, AND ANY AND ALL CLAIMS OF THE UNDERSIGNED AGAINST THE BANK, WHETHER NOW OR HEREAFTER EXISTING, AND (b) THE FOLLOWING DESCRIBED PERSONAL PROPERTY (ALL SUCH MONIES, SECURITIES, PROPERTY, PROCEEDS, CLAIMS AND PERSONAL PROPERTY BEING HEREINAFTER COLLECTIVELY CALLED THE "COLLATERAL"): (   ) Motor Vehicle (   ) Boat (   ) Stocks (   ) Bonds (   ) Savings and/or ______
SEE CUSTOMER'S COPY OF SECURITY AGREEMENT(S) OR COLLATERAL RECEIPT(S) RELATIVE TO THIS LOAN FOR FULL DESCRIPTION.

IF THIS NOTE IS SECURED BY A MOTOR VEHICLE, BOAT OR AIRCRAFT, PROPERTY INSURANCE ON THE COLLATERAL IS REQUIRED AND THE BORROWER MAY OBTAIN THE SAME THROUGH A PERSON OF HIS OWN CHOICE.

IF THIS NOTE IS NOT FULLY SECURED BY THE COLLATERAL SPECIFIED ABOVE, AS FURTHER SECURITY FOR THE PAYMENT OF THIS NOTE, THE BANK HAS TAKEN AN ASSIGNMENT OF 10% OF THE UNDERSIGNED BORROWER'S WAGES IN ACCORDANCE WITH THE WAGE ASSIGNMENT ATTACHED TO THIS NOTE.

In the event of default in the payment of this or any other Obligation or the performance or observance of any term or covenant contained herein or in any note or other contract or agreement evidencing or relating to any Obligation or any Collateral on the Borrower's part to be performed or observed; or the undersigned Borrower shall die; or any of the undersigned become insolvent or make an assignment for the benefit of creditors; or a petition shall be filed by or against any of the undersigned under any provision of the Bankruptcy Act; or any money, securities or property of the undersigned now or hereafter on deposit with or in the possession or under the control of the Bank shall be attached or become subject to distraint proceedings or any order or process of any court; or the Bank shall deem itself to be insecure, then and in any such event, the Bank shall have the right (at its option), without demand or notice of any kind, to declare all or any part of the Obligations to be immediately due and payable, whereupon such Obligations shall become and be immediately due and payable, and the Bank shall have the right to exercise all the rights and remedies available to a secured party upon default under the Uniform Commercial Code (the "Code") in effect in New York at the time, and such other rights and remedies as may otherwise be provided by law. Each of the undersigned agrees (for purposes of the "Code") that written notice of any proposed sale of, or of the Bank's election to retain, Collateral mailed to the undersigned Borrower (who is hereby appointed agent of each of the undersigned for such purpose) by first class mail, postage prepaid, at the address of the undersigned Borrower indicated below three business days prior to such sale or election shall be deemed reasonable notification thereof. The remedies of the Bank hereunder are cumulative and may be exercised concurrently or separately. If any provision of this paragraph shall conflict with any remedial provision contained in any security agreement or collateral receipt covering any Collateral, the provisions of such security agreement or collateral receipt shall control.

Acceptance by the Bank of payments in arrears shall not constitute a waiver of or otherwise affect any acceleration of payment hereunder or other right or remedy exercisable hereunder. No failure or delay on the part of the Bank in exercising, and no failure to file or otherwise perfect or enforce the Bank's security interest in or with respect to any Collateral, shall operate as a waiver of any right or remedy hereunder or release any of the undersigned, and the Obligations of the undersigned may be extended or waived by the Bank, any contract or other agreement evidencing or relating to any Obligation or any Collateral may be amended and any Collateral exchanged, surrendered or otherwise dealt with in accordance with any agreement relative thereto, all without affecting the liability of any of the undersigned. In any litigation (whether or not arising out of or relating to any Obligation or Collateral or other matter connected herewith) in which the Bank and any of the undersigned may be adverse parties, the Bank and each such undersigned hereby waives their respective right to demand trial by jury and, additionally, each such undersigned waives his right to interpose in any such litigation any counterclaim of any nature or description which he may have against the Bank. In addition, the Bank shall not be deemed to have obtained knowledge of any fact or notice with respect to any matter relating to this note or any Collateral unless contained in a written notice mailed, postage prepaid, or personally delivered to the Personal Finance Department of the Bank at its address set forth above. Each of the undersigned, by his signature hereto, hereby waives presentation for payment, demand, notice of non-payment, protest and notice of protest with respect to the indebtedness evidenced by this note, and each such undersigned hereby agrees that this note shall be deemed to have been made under and shall be construed in accordance with the laws of the State of New York.

Each of the undersigned hereby authorizes the Bank to date this note as of the day the loan evidenced hereby is made, to correct patent errors herein and at its option, to cause the signatures of one or more co-makers to be added without notice to any prior obligor.

Note: This promissory note originally fit onto a single sheet of paper measuring 8½ by 14 inches. The document was procured with the assistance of Ann Moses and Cornell Franklin, both of Citibank. Reprinted by permission.

Revised Citibank Promissory Note

First National City Bank

Consumer Loan Note　　　　　　　　　　　Date_____, 19____

(In this note, the words I, me, mine and my mean each and all of those who signed it. The words you, your and yours mean First National City Bank.)

Terms of Repayment　To repay my loan, I promise to pay you_____Dollars ($_____). I'll pay this sum at one of your branches in_____ uninterrupted_____ installments of $_____ each. Payments will be due_____, starting from the date the loan is made.

Here's the breakdown of my payments:

1. Amount of the Loan　　　　　　$_____
2. Property Insurance Premium　$_____
3. Filing Fee for Security Interest　　　　　$_____
4. Amount Financed (1+2+3)　　　　　　　　$_____
5. **Finance Charge**　　　　　　　　　　　　$_____
6. Total of Payments (4+5)　　　　　　　　　$_____

Annual Percentage Rate_____%

Prepayment of Whole Note　Even though I needn't pay more than the fixed installments, I have the right to prepay the whole outstanding amount of this note at any time. If I do, or if this loan is refinanced—that is, replaced by a new note—you will refund the unearned **finance charge**, figured by the rule of 78—a commonly used formula for figuring rebates on installment loans. However, you can charge a minimum **finance charge** of $10.

Late Charge　If I fail more than 10 days behind in paying an installment, I promise to pay a late charge of 5% of the overdue installment, but no more than $5. However, the sum total of late charges on all installments can't be more than 2% of the total of payments or $25, whichever is less.

Security　To protect you if I default on this or any other debt to you, I give you what is known as a security interest in my ○ Motor Vehicle and/or_____(see the Security Agreement I have given you for a full description of this property), ○ Stocks, ○ Bonds, ○ Savings Account (more fully described in the receipt you gave me today) and any account or other property of mine coming into your possession.

Insurance　I understand I must maintain property insurance on the property covered by the Security Agreement for its full insurable value, but I can buy this insurance through a person of my own choosing.

Default　I'll be in default:
1. If I don't pay an installment on time; or
2. If any other creditor tries by legal process to take any money of mine in your possession.

You can then demand immediate payment of the balance of this note, minus the part of the **finance charge** which hasn't been earned figured by the rule of 78. You will also have other legal rights, for instance, the right to repossess, sell and apply security to the payments under this note and any other debts I may then owe you.

Irregular Payments　You can accept late payments or partial payments, even though marked "payment in full", without losing any of your rights under this note.

Delay in Enforcement　You can delay enforcing any of your rights under this note without losing them.

Collection Costs　If I'm in default under this note and you demand full payment, I agree to pay you interest on the unpaid balance at the rate of 1% per month, after an allowance for the unearned **finance charge**. If you have to sue me, I also agree to pay your attorney's fees equal to 15% of the amount due, and court costs. But if I defend and the court decides I am right, I understand that you will pay my reasonable attorney's fees and the court costs.

Comakers　If I'm signing this note as a comaker, I agree to be equally responsible with the borrower. You don't have to notify me that this note hasn't been paid. You can change the terms of payment and release any security without notifying or releasing me from responsibility on this note.

Copy Received　The borrower acknowledges receipt of a completely filled-in copy of this note.

　　　　Signatures　　　　　　　　　　　　Addresses

Borrower:_____　_____
Comaker:_____　_____
Comaker:_____　_____
Comaker:_____　_____

Hot Line　If something should happen and you can't pay on time, please call us immediately at (212) 559-3061.

Personal Finance Department
First National City Bank

Note: This promissory note originally fit onto a single sheet of paper measuring 8½ by 14 inches. The document was procured with the assistance of Ann Moses and Cornell Franklin, both of Citibank. Reprinted by per-

1978 年には、ジミー・カーター大統領が「プレイン・イングリッシュ」で規則を作成することを命じる大統領令を発令しました。さらに翌年には公文書をできるだけシンプルで平易に「プレイン・イングリッシュ」で記述する、という 2 つ目の大統領令にも署名をしました。

　1998 年にビル・クリントン大統領は公文書の平易化をすすめる覚書を結び、2010 年 10 月 13 日にバラク・オバマ大統領は「プレイン・イングリッシュ」で公文書を作成することを定めた「平易記載法（Plain Writing Act of 2010）」を制定しました。

　この法律により、政府、連邦機関から発信される情報やレターなどの連絡を国民が理解しやすいプレイン・イングリッシュで文章作成することが定められました。

　図表 1 － 4、1 － 5 はアメリカ退役軍人省の障害年金受給案内の例です。プレイン・イングリッシュの導入前後の案内文を比較しています。

　導入後、ひとりの担当者に対し、1 か月の問い合わせ件数は 94 件から 16 件に減少しました。担当者 10 人あたりでは年間 1128 件から年間 192 件に減少し、職員の作業効率が著しく向上し、市民のストレスも軽減されました（https://www.plainlanguage.gov の記述による）。

　現在では、**アメリカ、イギリスをはじめ、カナダ、オーストラリア、ニュージーランドなど、英語圏を中心に政府の公文書や民間のビジネス文書にプレイン・イングリッシュが広く浸透し、使用されています。**

Dear ——————————:

Please furnish medical evidence in support of your pension claim. The best evidence to submit would be a report of a recent examination by your personal physician, or a report from a hospital or clinic that has treated you recently. The report should include complete findings and diagnoses of the condition which renders you permanently and totally disabled. It is not necessary for you to receive an examination at this time. We only need a report from a doctor, hospital, or clinic that has treated you recently.

This evidence should be submitted as soon as possible, preferably within 60 days. If we do not receive this information within 60 days from the date of this letter, your claim will be denied. Evidence must be received in the Department of Veterans Affairs within one year from the date of this letter; otherwise, benefits, if

entitlement is established, may not be paid prior to the date of its receipt. SHOW VETERAN'S FULL NAME AND VA FILE NUMBER ON ALL EVIDENCE SUBMITTED.

Privacy Act Information: The information requested by this letter is authorized by existing law (38 U.S.C. 210 (c)(1)) and is considered necessary and relevant to determine entitlement to maximum benefits applied for under the law. The information submitted may be disclosed outside the Department of Veterans Affairs only as permitted by law.

——————————————
Adjudication Officer

図表１−５　導入後：アメリカ退役軍人省の障害年金受給案内

Dear _____:

We have your claim for a pension. Our laws require us to ask you for more information. The information you give us will help us decide whether we can pay you a pension.

What We Need

Send us a medical report from a doctor or clinic that you visited in the past six months. The report should show why you can't work.

Please take this letter and the enclosed Guide to your doctor.

When We Need It

We need the doctor's report by <u>January 28, 1992</u>. We'll have to turn down your claim if we don't get the report by that date.

Your Right to Privacy

The information you give us is private. We might have to give out this information in a few special cases. But we will not give it out to the *general public* without your permission. We've attached a form which explains your privacy rights.

If you have any questions about this letter, you may call us at 1-800-827-1000. The call is free.

Sincerely,

_____

Enclosures: Doctor's Guide, Your Privacy Rights

法律用語をきっかけに
世界中の言語の平易化・標準化が進行中

COLUMN ❷

Kyal Hill（カイル・ヒル）

Clarity日本代表
弁護士（オーストラリア、ニューサウスウェールズ州）

法律用語もプレインに

　特に昔からの法律用語を意味する「legalese」が「お役所的、規則一点張り」という意味で使われるように、法律英語は文章も長く、古い用語が多いためわかりづらいことで知られています。1980年代に入り、こうした法律英語では書く側にも読む側にも負担が大きすぎると問題意識を抱いたイギリスの弁護士や判事が中心となって「Clarity（クラリティ）」が設立され、「明確で効果的な法言語（plain legal language）」の普及活動が本格的に始まりました。現在は50か国、650人のメンバーを擁する団体に発展し、世界各地で2年に一度国際会議を開催する他、機関誌 *The Clarity Journal* を年に2回発行しています。

　イギリスでは1990年代後半から国を挙げて法律用語の平易化が進められ、plaintiff（原告）は claimant に、writ（訴状）は claim form に置き換えられました。日本でも、1999年にスタートした司法制度改革の一環で法令の外国語訳の整備が始められています。たとえば最新の「法令翻訳の手引き（2018年6月改訂）」にもプレイン・イングリッシュへの対応が盛り込まれ、「当該」を said や such と訳すのは避け、that・the・referenced・relevant のうち文脈にふさわしい訳語を選択するよう推奨しています。

標準化がもたらす Win-Win効果

　2007年頃からプレイン・イングリッシュの統一規格作成の動きが出始め、Clarity を含む3つのプレイン・イングリッシュの普及団体により「IPLF (International Plain Language Federation)」が結成されました。「重要なのは、文章を書く人ではなく、文章を読む人」という共通命題のもと、さまざまな分野の専門家が規格案の作成に携わり、カナダのオタワで開催された ISO/TC37（専門用語、言語、内容の情報資源）の国際会議に提案が出され、2019年9月に採択されました。

　Clarity の元会長である法学者 Joseph Kimble の著書 *Writing for Dollars, Writing to Please* が示すように、plain legal English は書く側にも読む側にもメリットをもたらします。保険会社なら、契約書や通知書をわかりやすく書くことで、顧客の満足度が向上して契約に結びつくチャンスが増える一方で、問い合わせやクレームが減少するという Win-Win 効果が考えられます。

　言語の平易化は、一時的なブームや英語だけにとどまるものではありません。今後は間違いなく社会全体に及んでいくものです。日本は、言語の平易化・標準化に対する認知度がまだ低く、世界にやや遅れをとっている感があります。逆に考えれば、いち早く実践することが、自社のブランディングやビジネスチャンスの拡大につながるのではないでしょうか。

プロフィール

Kyal Hill（カイル・ヒル）
オーストラリアのクイーンズランド大学で日本語通訳・翻訳で修士号（MAJIT）を取得後、法律翻訳を専門に翻訳者として活躍。弁護士資格を取得後は東京の大手国際法律事務所の東京オフィスで技術開発や企業合併・買収等の契約書（英文・和文）の作成、精査、交渉に従事。法律分野でのプレイン・ランゲージを推進する国際的な団体Clarityの日本代表としても普及活動に取り組む。

プレイン・イングリッシュは
赤ちゃん英語ではない

　2002 年に私の営む翻訳会社エイアンドピープルでは「ザ・グローバル企業」と言われている日本企業の代理店からプレイン・イングリッシュでの翻訳の要請を受け、約 10 年間にわたり翻訳のお手伝いをさせていただきました。その仕事で、私自身も「プレイン・イングリッシュ」という言葉をはじめて耳にしました。そして業務を通じてプレイン・イングリッシュのノウハウを蓄積しつつ、その効果を実感しました。

　それは、自分が学校教育で学んだ英語とは異なる概念でした。

　しかし、日本人が読んでも明らかにわかりやすく、すんなり頭に入ってくるものでした。

　そこで、取り引きさせていただいている別の客先にプレイン・イングリッシュの効果をお話しし、「プレイン・イングリッシュで翻訳するのはいかがでしょうか」と提案して回りました。しかし、当時はまったく理解していただけず、「プレイン・イングリッシュ？　赤ちゃん英語？　ビジネスに使えるの？　うちは格式高い日本語をもれなく忠実に訳した英文でお願いしたいから、プレイン・イングリッシュは遠慮しておきます」と、真っ向から否定され、聞く耳をもっていただけませんでした。

　そこで、2009 年より一般社団法人日本 IR（インベスターリレーションズ）協議会の協力のもと、プレイン・イングリッシュでの英文 IR についての講義を会員向けに年に 3 〜 4 回開催し、普及活動を始めました。

　当時は、すでに外国人投資家が日本企業の株式を取得しており、日本企業も徐々に英文 IR に力を入れ始めたところでした。

そして、参加いただいた IR のご担当者は、外国人株主から「報告書の英文がわかりにくい」という苦情を受けており、それをどのように改善したらよいのか苦慮されていることがセミナー後のアンケートに記されていました。そうしたニーズに伴い、毎回セミナーでは満席となりました。

　そうした活動を 10 年継続した甲斐あって、ようやく日本企業でも理解が広まり、英文 IR にプレイン・イングリッシュを採用いただけるようになりました。

　アメリカでは、1998 年にアメリカ証券取引委員会（SEC）が上場企業の法的財務報告資料をプレイン・イングリッシュで記述することを義務づけ、投資家は上場企業に対し、読みやすいプレイン・イングリッシュで報告することを求めるようになりました。

　昨今では、日本の株式市場で取り引き額の 60 パーセント以上が外国人投資家マネーで運用されているため、欧米の報告スタイルと遜色なく報告を行うことがガバナンス上からも求められ、さらには透明性を前提とした明確な情報提供と説明責任が日本企業にも求められています。

　1998 年に SEC より発行された「プレイン・イングリッシュハンドブック」では、**投資家のウォーレン・バフェット氏のあいさつ文から始まり、忙しい投資家に向けてプレイン・イングリッシュで記述する必要性が説かれています。**序文（Preface）は以下のような文章で始まっています。
（序文以下は省略）

This handbook, and Chairman Levitt's whole drive to encourage "plain English" in disclosure documents, are good news for me. For more than forty years, I've studied the documents that public companies file. Too often, I've been unable to decipher just what is being said or, worse yet, had to conclude that nothing was being said. If corporate lawyers and their clients follow the advice in this handbook, my life is going to become much easier.（以下省略）

　本ハンドブックおよびレヴィット委員長の「プレイン イングリッシュ」による情報開示文書推進への熱意は、私にとって朗報です。40年以上にわたり、公開企業が提出する文書の研究に携わってきましたが、多くの資料が何を言いたいのか皆目理解に苦しんだり、さらにひどい場合には、何を言わんとしているのか判断することができないモノでした。顧問弁護士とその顧客が本ハンドブックの助言にしたがうならば、私の仕事もかなり生産性が高まることでしょう。（以下省略）

　本書の第3章でも解説しますが、プレイン・イングリッシュは「文の最後にある結論を先に述べる」「曖昧な日本語を誤解のない明確な英語に直す」「2つ以上の要旨を含む長い文を分ける」「主語がない文に主語を定める」「受け身の文を能動態に変える」……といった作業が伴います。つまり、ごくごく普通の日本語をプレイン・イングリッシュへ翻訳する作業は、文の構造自体を変更する必要性があるため、単なる逐語翻訳以上に負荷がかかります。

　こうした変更を翻訳者、翻訳会社が判断すべきかどうかの議論もあります。日本の翻訳業界では"原文の日本語を一語一句もらさず翻訳する"のが常識です。私が知る限り25年ほど変わっておらず、プレイン・イングリッシュとは距離を置いています。

　発信する重要な情報は、読者に理解してもらうためのものか、発信するオリジナルの言語に忠実に同じスタイルで発信するべきかについて、正解はありません。

　しかし、大切な情報を読者に届けるにあたり、作業負担が大きくても、読み手や聞き手の欲する情報をわかりやすく、読みやすい形にして理解してもらうことが先決です。そのためにも、情報発信する企業が翻訳ポリシーを定め、翻訳を担当する者と共有し、体制を整え着手することが

必要です。

　先にも述べた通り、消費者契約、ガバナンス等々、企業の明確な説明責任、透明性のある情報開示と経営が求められているからです。

　昨今、注目されている持続可能な開発目標（SDGs）においてもプレイン・ランゲージ（Plain Language）で記述すべしと述べられています。

To get ordinary people on board, SDGs should be communicated in plain language and in the context of everyday life.

SDGs が広く社会の支持と共感を得、実現されるために、その想いは生活者の視点に立ったプレイン・ランゲージ（平易な言葉）で語られねばならない。

（国連サイトの Connecting dots around sustainable development goals ページより。上記の訳は JPELC による）

　SNS 上のコミュニケーションは短い動画やアイコン、メッセージを伝える絵や写真を使い、テキストは簡潔化しています。

　通信回線の高大容量と高速化に伴い、動画や海外のテレビ番組が気軽に楽しめるようになりました。どの言葉がどのタイミングで視聴率を稼ぐのか、アメリカでは過去の人気ドラマを AI に学習させているということです。そうしたデータベースから、人に伝わる、そして響くセリフとシーンが考えられているそうです。

　「そんな若者やテレビの世界と、大人の世界は違うだろう！」と皆さんから指摘されてしまいそうですが、アメリカ大統領選でも同様です。選挙に挑むにあたり、有能な参謀やスピーチライターとともに聴衆の心をつかむために、効果的に計算が尽くされた、簡潔な言葉を使い、スピーチが行われています。

結論は先に、表現はストレートに
「持ち帰って検討します」は禁句

COLUMN ❸

内田和成
早稲田大学ビジネススクール教授
元ボストン コンサルティング グループ日本代表

外資系企業に理解されない日本流の気遣い

BCG（ボストン コンサルティング グループ）時代に、外国の顧客や国内の外資系企業とのコミュニケーションにおいて心がけていたのは、自分の意見をストレートに伝えることです。日本人は「イエス」「ノー」をはっきり口にすると、相手が気を悪くすると考えがちですが、阿吽の呼吸や相手をおもんぱかるという日本流の気遣いは、外国の人には通用しません。

また、相手の意見を否定するのに、「そういう意見もあろうかと思いますが、こういう考えもできるかと……」など日本語の持って回った言い方をそのまま英語にして、「I agree with you but...」と言ったのでは、「どっちなんだ?!」と相手を混乱させるだけです。もう1つ、日本では一般的だけれども、外国の人が嫌がるひと言が、「持ち帰って検討します」。これを聞いた相手は、礼儀上口にこそしませんが、心の中では「もっと権限のある人と交渉させてほしい」と思っています。

結論から入る欧米流が日本でもスタンダードに

コンサルティング業務にはプレゼンテーションがつきものですが、その進め方は相手によって異なります。日本企業が相手の場合は、いきなり結論というのは御法度で、「AだからB、BだからC、したがって結論はDです」と

手順を踏むのが一般的です。結論に至るまでにどの程度の緩衝材を挟んでいくかは、相手に応じて判断します。

　外資系企業が相手の場合は、単刀直入に「まず結論はＤです」と始めます。とくに30分と時間が限定されている場合には、前置きから入って「Ａ」や「Ｂ」の時点で質問が出てしまうと、結論にたどりつけず、「次回に持ち越し」となりかねません。もっとも最近は、日本でも、結論から入る欧米スタイルが浸透しつつあり、グローバルに事業を展開している日系企業であれば、結論から入るようになっています。

　イエス／ノーの回答にせよ、決定権にせよ、日本の組織に属している以上、担当者が勝手に判断や決断をするには難しい部分もあるでしょう。しかし、「うちの本社の意見では……」などと第三者を持ち出して責任を曖昧にすると、「この人と話をしてもムダ」と思われる最悪の事態を招きかねません。まずは自分のスタンスを明確にして、それを誤解されない言い方で伝える。それがグローバル化時代のビジネスのポイントであり、今後は国内でもそうしたスタイルがスタンダードになっていくと思います。

プロフィール

内田和成（うちだ・かずなり）
日本航空を経て、ボストン コンサルティング グループ（BCG）入社。2000年6月から2004年12月までBCG日本代表。ハイテク、情報通信サービス、自動車業界を中心にマーケティング戦略、新規事業戦略、中長期戦略、グローバル戦略の策定・実行支援を数多く経験。2006年には「世界でもっとも有力なコンサルタントのトップ25人」（米コンサルティング・マガジン）に選出された。2006年から現職。著書に『仮説思考』『論点思考』『右脳思考』（いずれも東洋経済新報社）。

歴代大統領は「中学2年生」、トランプ大統領は「小学4～5年生」のレベル

　アメリカのカーネギー・メロン大学付属言語科学研究所では、2016年3月16日に「2016年アメリカ大統領選挙キャンペーンからの選挙演説のリーダビリティー（読みやすさ）調査」の報告をまとめました。それによると、**ドナルド・トランプ大統領がスピーチで使う英語は他の候補者より2学年低い、現地の小学5年生レベル**であったことが報告されました。

　ちなみに文法的に見ると、1861年に就任したエイブラハム・リンカーン大統領は高校2年生（11年生）レベルの英語、ロナルド・レーガン大統領、ビル・クリントン大統領、バラク・オバマ大統領は現地の中学2年生レベル（8年生）、2001年に就任したW・ブッシュ大統領は小学5年生レベルでした。**トランプ大統領は小学5年生の文法レベルとさらに低い小学4年生の語彙レベル**の英語で選挙に挑んだということです。

　レベルについては、アメリカやイギリスなどの英語圏の現地児童・生徒・学生の英語習熟度に合わせたレベル指標です。オフィシャルなライティングやスピーキングの際には、はじめにリーダビリティーのレベル設定が行われます。適切な単語（音節）や文の長さの目安を事前に想定することで、読者、聴衆に理解を深めてもらうためです。

　語彙の難易度と文法的特徴を考慮しながら、文の長さ、文中の平均単語数、文書中のまれな単語の使われる割合を測定する計算式があり、それに基づき分析できるリーダビリティーツールも開発されており、読みやすさを定量的にレベル分けすることができます。カーネギー・メロンの調査結果もそうした指標によって分析されたものです。

調査では、2016年の5人の大統領候補者それぞれの各遊説先の演説を集め、比較された結果が報告されています。

さらに、2回の分析が実施され、まず語彙レベルを調べ、次に文法（構文構造）レベルを調査し、比較されています。

ここでは特にトランプ大統領のデータ（8回の演説データ）に焦点をあてて紹介します。

なお比較のためにリンカーン大統領のゲティスバーグの演説、オバマ大統領、ジョージ・W・ブッシュ大統領、クリントン大統領そしてレーガン大統領のスピーチの分析結果もご紹介します。

図表1－6　各候補者と歴代大統領の「語彙」のレベル

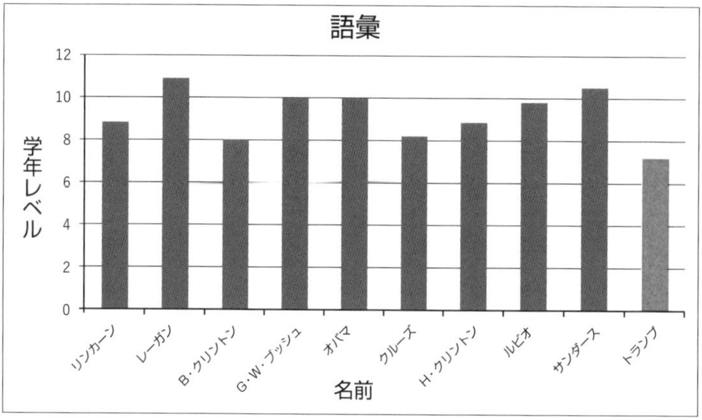

（出所）Language Technologies Institute, School of Computer Science, Carnegie Mellon University "A Readability Analysis of Campaign Speeches from the 2016 US Presidential Campaign"
（https://www.lti.cs.cmu.edu）

図表1－7　各候補者と歴代大統領の「文法」のレベル

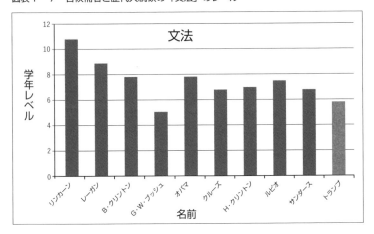

（出所）Language Technologies Institute, School of Computer Science, Carnegie Mellon University "A Readability Analysis of Campaign Speeches from the 2016 US Presidential Campaign"
（https://www.lti.cs.cmu.edu）

　図表の左側の目盛りは学年レベルを表し、8が中学2年生、10が高校1年生、12が高校3年生に相当します。
　2015年の大統領選のスピーチに対する読みやすさのレベルを比較しているのが、図表1－8です。

図表1-8　2015年の大統領選のスピーチの「読みやすさ」比較

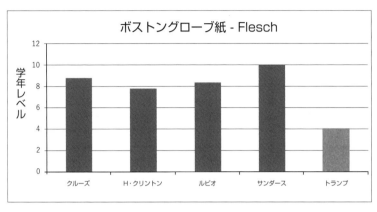

（出所）『ボストングローブ』紙による比較

　図表1-8も1文あたりの平均単語数と1単語あたりの平均音節数を
もとにレベルを判断するFlesch-Kincaid Gradeを使用しています（巻末
の資料で解説）。

　かの有名なリンカーン大統領のゲティスバーグ演説の「人民の、人民
による、人民のための政治」は、語彙のレベルで中学3年生レベル、文
法は高校2年生のレベルです。

　しかし、それ以降の歴代大統領は、語彙、文法レベルともに中学2年
生レベルにし、有権者層の一番幅の広い分布のレベルに設定しています。
2016年の候補者5人の文法レベルでは、トランプ大統領の小学5年生
強の文法レベルを除いて、他は6年生と8年生（中学2年生）の間であり、
演説のスピーチ原稿が平易でわかりやすく書かれていることが、おわか
りいただけると思います。

　先に述べたように「プレイン・イングリッシュは赤ちゃん英語」と思
い込んでいる方もいますが、歴代大統領や大統領候補者たちも、平易な
言葉で簡潔に語りかけています。赤ちゃん言葉ではありませんので、安

心してプレイン・イングリッシュを使っていただければと思います。

　特に、不特定多数の方に向けて、大切な情報を訴えたいときや、相手に理解をしてもらい、支持を取りつけたいときには、プレイン・イングリッシュを使って、その効果を高めてください。

アメリカの小学4年生レベル でも上手なスピーチができる

　この節では、トランプ大統領のスピーチを題材にしながら、上手なスピーチ、しかも難しい単語や文法を使わずに、相手に印象づけるスピーチのポイントを解説します。

　あくまでもコミュニケーションレベルの事例として紹介しており、彼の演説の内容や政策を肯定しているものではありませんので、誤解のないようにお願いいたします。

　カーネギー・メロン大学をはじめ、ジョージタウン大学やカリフォルニア大学バークレー校の言語学者もトランプ大統領の話法を研究しており、彼の話法には以下の4つの特徴があると述べています。

①平易な言い回しを使う

②意図的に話し言葉（口語体）を使う（有権者に話しかけているような印象を抱かせる効果がある）

③反復を使う

④修辞法を巧みに使う（わかりやすい言い回し、ときに扇情的な言い回しで相手の感情に訴えかける話術・手法。そして実際に、聞き手はその言葉に動かされてしまう）

　また、メディア関係者いわく、ビジネスマン出身のトランプ大統領は、演説内で頻繁にアドリブを入れるため、生きた言葉で有権者に語りかけているような印象を与えるのがうまく、得意としているそうです。しかも、アドリブを入れても、本題の主張から外れることなくスピーチをう

まくまとめる達人だそうです。それに比べて、他の候補者は台本通りのスピーチをするため、有権者はトランプ大統領のほうが、どうしてもスピーチがうまいという印象を抱いてしまうということです。

　英文の下に参考までに日本語訳を入れましたが、それがなくても彼の**スピーチは、十分わかりやすい英語になっていると思います。**

【トランプ大統領のスピーチ（2016.2.20 South Carolina）】

Thank you very much, everybody. Well, I want to begin by thanking the people of South Carolina. This is a special state. Thank you. These are special people and we got a little boost last week from a place we all remember? New Hampshire. We can't forget it. Special, special. We love it. And they sent us in here with a very good feeling, right?

　皆さん、どうもありがとう。さて、私はサウスカロライナの方々への感謝の言葉から始めたいと思います。ここは、特別な州です。ありがとう。ここにいるのは特別な人たちです。そして、私たちは先週、忘れられない場所、ニューハンプシャーで少し勢いを得ました。それは私たちにとって忘れられない出来事です。特別で、本当に特別で、最高でした。そして彼らが私たちを最高の気分でここへ送り込んでくれました。そうですよね？

　この一節を読んでいただいても、難しい単語や文法がないことに、気づかれると思います。難しいと感じられる関係代名詞にしても、中学レベルのものが出ているだけです。また、「We love it.（最高、大好き）」「right?（ですよね）」など、日本人でも知っている話し言葉がちりばめられています。そして「Special」という言葉が頻繁に繰り返されています。

　「①平易な言い回しを使う」「②意図的に話し言葉を使う」「③反復を使う」というトランプ話法の特徴です。

Because our country doesn't win anymore. Doesn't win. We don't win with military, we can't beat ISIS. We have great military but we can't beat ISIS. We don't win on trade. You look at what China's doing to us, what Japan does to us, what Mexico is just killing us at the border—at the border and with trade. Mexico is killing us—absolutely. We'll do the wall. Don't worry. We're going to do the wall.

　私たちの国はもはや勝つことはないのですから。勝たないのです。軍事でも勝てない。ISIS も撃退できない。私たちは素晴らしい軍をもっていますが、ISIS を倒せません。私たちは貿易でも勝てません。皆さん見てくださいよ、中国が私たちに何をしているか、日本が私たちに何をしているか。メキシコが国境でどれだけ私たちを困らせているか。国境でも、貿易でもそうです。メキシコは私たちを本当に困らせています。私たちは国境に壁をつくります。心配はいりません。壁をつくるのです。

　can't beat、don't win、killing us など、非常にわかりやすく刺激的な表現が出てきて、聴衆の耳に響き興味を引いています。上記の一節も、難しい単語も文法もありません。

We are going to do the wall and by the way, who's going to pay for the wall? Mexico's going to pay for the wall and it's very easy. The other politicians come down, "you can't get Mexico to pay for the wall." I said, "100 percent." We had a $58 billion trade deficit with Mexico. The wall is going to cost $10 to $12 billion, OK? Believe me, they will pay.

　私たちは壁をつくります、そして、その壁のお金を誰が払うのか？メキシコに払わせます。それは簡単なことです。ほかの政治家は「メキシコに壁の費用を払わせることなどできない」と私のところへやってき

て言うので、私は「100パーセントできる」と言ってやりました。私たちはメキシコに対して580億ドルの貿易赤字があります。壁は100億から120億ドルでつくることができるのです。いいですか？　私を信じてください。彼らに払わせます。

We are going to do the wall and by the way, who's going to pay for the wall?（私たちは壁をつくります、そして、その壁のお金を誰が払うのか？）これが「④修辞法を巧みに使う」トランプ話法です。これは事実というよりは、非常に扇情的な言い回しで、聴衆の心を動かしてしまうテクニックです。

皆さんは、「トランプ大統領の英語が稚拙」と揶揄されるのを耳にしたことがあるかと思います。彼のスピーチを読んでいただくと彼の演説がアメリカの小学4年生の語彙レベル、そして文法は小学5年生レベルに設定されていることも納得していただけると思います。

高等教育で英語を学び、それでも英語に苦手意識をもっている私たち日本人でも、それなりに理解できるスピーチ内容です。

平易な言葉で多くの有権者に訴えかけ、トランプ氏は「選挙に勝ち、アメリカ合衆国大統領になる」という目的を果たしました。

選挙に勝てばアメリカ合衆国大統領、負ければただのおじさん（トランプ氏はただのおじさんではありませんが）。

もし、あなたが大統領選に出馬したら、「格調が高く、難しく、主張のポイントがわかりにくい長ったらしいスピーチ」をするのか、「稚拙と言われようが、限りある時間とチャンスに、簡単で、主張のポイントをはっきり伝えるスピーチ」をするのか、どちらのコミュニケーション戦略で有権者に語りかけますか。

アメリカ大統領選に出馬することは、想像しにくいと思いますが、ビジネス上の交渉、あるいは広報宣伝活動ならば、どちらで伝えますか。

広告コピーに学ぶ、
簡潔で平易な言葉の大切さ

　限りある時間とチャンスにメッセージを伝えるのは、政治の世界に限ったことではありません。ビジネスの世界に目を向けてみましょう。次の英文キャッチコピーを見てください。

Hungry?　　カップヌードル（日清食品）

Drive Your Dreams　　トヨタ自動車

It's a SONY　　ソニー

Inspire the Next　　日立製作所

The Power of Dreams　　本田技研工業

Changes for the Better　　三菱電機

Leading Innovation　　東芝

LEAD THE VALUE　　三井住友フィナンシャルグループ

Quality for You　　三菱ＵＦＪフィナンシャル・グループ

　プレイン・イングリッシュで書かれ、平易な単語が使われていることがわかります。決してキャッチコピーや広告に専門用語や難しい単語は使われていません。

　リーダビリティーの専門家のルドルフ・フレッシュ（Rudolf Flesch）博士は広告業界では知らない人はいないといっても過言ではない人物です。彼の著書 *The Art of Clear Thinking* の中で記された理論は現在でも広告のセオリーとして広く活用されています。

　博士はその本の中で、「教育においては、子供の記憶にとどめ理解さ

せるためにどう伝えるのが効果的なのか」「大人の気持ちを動かし行動に移してもらうためにどのように伝えることが効果的であるのか」に対して、「プレイン・イングリッシュが効果的であり、繰り返しすり込むほど効果があり、関連性のある絵や音を入れることで脳にインプットされやすい」と示唆しました。ちなみに、「読みやすさの指標」（Flesch Reading Ease Formula）を考案したのも、このフレッシュ博士で、彼の名前の Flesch が指標名につけられています。

テレビ CM はまさにフレッシュ博士の理論を利用しています。テレビ CM の平均的な長さは 15 秒か 30 秒です。シンプルな表現で、それを繰り返すというスタイルをとっています。先に紹介したコピーも、映像を流したうえで、最後に Hungry?、Drive Your Dreams といったコピーでエンディングという形が多いと思います。

日本語のコピーでも、同様です。

「セブン - イレブン、いい気分」　　セブン - イレブン
「味ひとすじ 永谷園」　　永谷園
「お、ねだん以上。ニトリ」　　ニトリ
「インテル、入ってる」　　インテル
「ココロも満タンに、コスモ石油」　　コスモ石油
「カラダにピース」　　カルピス（アサヒ飲料）
「やめられない、とまらない」　　かっぱえびせん（カルビー）
「やっぱりイナバ、100 人乗っても大丈夫」　　イナバ物置（稲葉製作所）
「エネルギーを、ステキに。ENEOS」　　ENEOS（新日本石油）
「ファイト一発！」　　リポビタン D（大正製薬）

映像を流した後に、「お、ねだん以上。ニトリ」という 10 文字ほどのコピーをリズムに乗せて流すのと、映像とナレーションだけのコピーなしの CM では、どちらがインパクトが強く、視聴者の記憶に残るでしょ

うか？　答えは言うまでもありません。

　キャッチコピーをつくる際に、コピーライターは、コンセプトとなる要素をあれこれと、すべて並べます。そこから修飾語や副詞、その他の言葉を削り、核となる言葉を残します。

　これは、プレイン・イングリッシュを書くプロセスと似ているのです。

COLUMN ❹

日本の生徒の読解力を高める

　2019年にメディアで「世界各国の15歳の学力を測る国際学力調査」の結果が公表され、日本の生徒の読解力が落ちているという記事が大々的に報じられました。

　イギリス、アメリカなど英語圏に限らず、ノルウェー、フィンランド、スペイン、フランス、ドイツ、コロンビア、南アフリカ、韓国等々47か国では、自国の言語のプレイン・ランゲージ化を10年ほど前から進めています。おのずと教育界にも、そうした潮流は影響していることでしょう。

　中国では小学校の作文の授業で、結論を先に書き、平易な言葉で簡潔に書く訓練をし、明確に伝える術を教わるそうです。

　国際学力調査がどういった形式で調査されているのかはわかりませんが、世界のそうした潮流も踏まえて、日本の学生の読解力を高めるための教材自体も内容の理解を高めることを優先し、必要に応じて平易な表現に見直す必要があるのかもしれません。

簡潔で平易なプレイン・イングリッシュをいかにつくるか

　「核となる言葉を残す」。プレイン・イングリッシュを書くプロセスとキャッチコピーをつくるプロセスに共通している点です。このことを理解するために、よく英語の教科書に出てくる構文を例にとって、プレイン・イングリッシュへの書き換え文をつくりました。違いを見比べてください。

〈2つの文〉

The boys are playing badminton over there. They are Ken and Rin.
少年たちがあそこでバドミントンをしています。彼らは、健とリンです。

　　　↓〈上の2文を関係代名詞で1文にする〉

The boys who are playing badminton over there are Ken and Rin.
あそこでバドミントンをしている少年らは、健とリンです。

　　　⇊〈プレイン・イングリッシュに〉

Ken and Rin are playing badminton over there.
健とリンがあそこでバドミントンをしています。

〈2つの文〉

I bought a car yesterday. It is a Toyota.
私は車を昨日買いました。それはトヨタです。

　　　↓〈上の2文を関係代名詞で1文にする〉

The car that I bought yesterday is a Toyota.
昨日私が買った車はトヨタです。

 〈プレイン・イングリッシュに〉

I bought a Lexus yesterday.
私は昨日レクサスを買いました。

　皆さんはプレイン・イングリッシュの書き換え文を見て、「あれっ、日本語と英語が違う文じゃないか？」と思われていることと思います。

　プレイン・イングリッシュを学ぶうえで、平易な英語を書くことが最終ゴールではありません。

　まず何を伝えたいか？　ポイントを明確にし、具体性のある内容にすることでプレイン・イングリッシュがさらに生きてきます。

　日本語をそのまま英語に直訳しようとせず、まず頭の中でポイントが何かを絞り、それが冒頭にくるよう整理してください。

　また「誰が」（主体）を主語にして文を考えます。日本語が受け身だとしても、英語は受動態ではなく、能動態を使うよう心がけます。簡潔で活力のある英文をつくるためです。受動態を使うべき場合については、のちほど解説します。

　必要のない修飾語や形容詞、副詞など、話の主旨に影響しないものは省きます。

　ビジネスで初対面の外国人に自社を紹介するときに、日本語をそのまま訳さず、以下の例のように話すと、主体性のある印象になり会話が活気づきます。

Our company is an LCD television manufacturer.
わが社は液晶テレビメーカーです。

We make the best LCD televisions in the world.
わが社は世界で一番の液晶テレビを提供しています。

最近皆さんがよく目にするSDGs（持続可能な開発目標）の17のゴールを、プレイン・イングリッシュの書き換えの代表例として紹介します。

図表1－9　SDGsのアイコンとテキスト

　SDGsは2015年に国連で採択されました。「誰一人取り残さない」世界を実現するために17の目標と169項目のターゲットが定められました。採択された当時、それは次のような長い言葉でつづられた箇条書きでした。

【SDGs　17のゴール】

Goal 1. End poverty in all its forms everywhere

Goal 2. End hunger, achieve food security and improved nutrition and promote sustainable agriculture

Goal 3. Ensure healthy lives and promote well-being for all at all ages

Goal 4. Ensure inclusive and equitable quality education and promote lifelong learning opportunities for all

Goal 5. Achieve gender equality and empower all women and girls

Goal 6. Ensure availability and sustainable management of water and sanitation for all

Goal 7. Ensure access to affordable, reliable, sustainable and modern energy for all

Goal 8. Promote sustained, inclusive and sustainable economic growth, full and productive employment and decent work for all

Goal 9. Build resilient infrastructure, promote inclusive and sustainable industrialization and foster innovation

Goal 10. Reduce inequality within and among countries

Goal 11. Make cities and human settlements inclusive, safe, resilient and sustainable

Goal 12. Ensure sustainable consumption and production patterns

Goal 13. Take urgent action to combat climate change and its impacts

Goal 14. Conserve and sustainably use the oceans, seas and marine resources for sustainable development

Goal 15. Protect, restore and promote sustainable use of terrestrial ecosystems, sustainably manage forests, combat desertification, and halt and reverse land degradation and halt biodiversity loss

Goal 16. Promote peaceful and inclusive societies for sustainable development, provide access to justice for all and build effective, accountable and inclusive institutions at all levels

Goal 17. Strengthen the means of implementation and revitalize the
Global Partnership for Sustainable Development

　これを世界共通の目標として、2030年までに実現するために、70億人の誰もが内容を理解し取り組めるよう、コミュニケーションをとる必要がありました。そのために視覚的にもわかりやすいデザインとテキストが採用されました。

　このデザインとテキストを設計したのはAppleやGoogle、MTVなどのデザインワーク、ブランディングを手がけ、数々の輝かしい賞の受賞歴をもつヤーコブ・トロールバック（Jakob Trollbäck）氏です。

　2014年当時、SDGsは「誰からも理解されるものにはならないだろう」と悲観的な意見が大多数でした。そうした中で、彼は自ら「自分にやらせてほしい」と、名乗り出たそうです。

　トロールバック氏によって、難解だったSDGsが、子供からお年寄りまで理解できるものとなり、世界中の人々がその目標を明確にイメージできるようになりました。行動に移してもらうためのコミュニケーションが実現されたのでした。

　トロールバック氏は会見で「難解な言葉を人々が行動に移せるようにすること。ポジティブに目標に向かえるような言葉に変換することが必要だった」と語っています。

　彼は17の目標と169項目のターゲットの文章に含まれる、曖昧な意味の部分をすべてそぎ落とし言葉を可視化しました。

　SDGsの箇条書きの単なるインフォメーションから、コミュニケーションに変えられたことで、瞬く間に世界中にSDGsは認知されました。

　テキストだけに限らず、デザインワークもコミュニケーションにおいては、大きく影響します。

　箇条書きで書かれた目標が、トロールバック氏によってどのように平

易に書き換えられ、曖昧な表現がそぎ落とされたのかを次に紹介します。

【Goal 1】
End poverty in all its forms everywhere

No poverty

【Goal 2】
End hunger, achieve food security and improved nutrition and promote
sustainable agriculture

Zero Hunger

　各ゴールに対して、ターゲットが計169項目設定されています。
たとえば、【Goal 1】に対しては、以下の通りです。

By 2030, eradicate extreme poverty for all people everywhere, currently
measured as people living on less than $1.25 a day.
2030年までに、現在1日1.25ドル未満で生活を強いられている、あら
ゆる場所のすべての人々の極度の貧困を根絶する。

　解説をくわしく読みたい方は下記の国連のサイトから確認することが
できます。
https://www.un.org/development/desa/disabilities/envision2030-goal1.
html

　最後に、国連のSDGsのサイトにはこうした言葉が記されています。

To get ordinary people on board, SDGs should be communicated in plain language and in the context of everyday life.

SDGs が広く社会の支持を得て、実現されるために、その想いは生活者の視点に立ったプレイン・ランゲージで語られねばならない。（JPELC 訳）

　日本でも多くの企業が SDGs に賛同し、その考えをビジョンに掲げています。そうすることでブランドイメージ、企業価値が高まることでしょう。

　プレイン・イングリッシュの優れた点は、読み手によって何通りもの解釈をされることなく、誰が読んでも同じ 1 つの解釈となる点です。

　ぜひ、SDGs の活動について日本語も含めてプレインな言葉で世界に語りかけてみてください。

第2章

伝わりやすい英語を話す・書くために

「プレイン・ジャパニーズ」
簡潔な日本語の大切さ

　次の第3章で、プレイン・イングリッシュのガイドラインを説明します。そのガイドラインを上手に活用するために、大切なポイントをこの章では説明したいと思います。まず、プレイン・イングリッシュを書く最善の道は、日本語をプレインにすることです。

　前章では、日本語をプレイン・イングリッシュに書き換える例を紹介し、「日本語をそのまま英語に訳さず」に、述べたいことのポイントを明確にすることが重要であることを説明しました。

　ここでは、実際にビジネスで使われている文章を使って、考えてみましょう。

　図表2−1の左側の日本語は、日本の株式を運用している海外投資家の満足度についての報告書の書き出しの例です。大変貴重な調査結果の冒頭ではありますが、これを翻訳ツールで英語にした場合、途中でおかしな解釈をしてしまい、まったく別の内容になってしまっています。

　現在の自動翻訳ツールの翻訳精度はそれなりに高く、スピードは高速です。データベースが充実していることもあり、専門性の高い内容や複雑な文法、冗長的な表現を除き、簡単な日常会話くらいであれば、私たちの時間を費やさなくとも、自動翻訳ツールで十分に事足りるほどです。

　そこで、図表2−1の右側のように、オリジナルの日本語を簡潔な文に修正し（主語をわかりやすいように修正し）、翻訳ツールにかけると、多少の修正を加えることでそれなりの英文になります（オフィシャルには使えませんが、手直しする前の下書きレベルまでの訳になります）。

図表2−1　簡潔な日本語の大切さ

［オリジナル］	［修正した日本語］
日本のコーポレートガバナンスに満足している国内外の機関投資家はわずか23パーセントという調査結果から明らかなように、投資家は日本のコーポレートガバナンスは、資本コストを上回るリターンを上げること、すなわち投資家目線での企業価値向上には現状貢献していないと判断している。	ある調査によると、日本のコーポレートガバナンスに満足している国内外の機関投資家は、わずか23パーセントである。 この結果から、我々は、投資家は現状では次のように考えている、と判断する。 日本のコーポレートガバナンスは、資本コストを上回るリターンを上げること、すなわち彼らが求める企業価値向上に貢献していない。
↓　翻訳ツール	↓　翻訳ツール
As evidenced by the survey that only 23% of institutional investors are satisfied with Japanese corporate governance, it is clear that investors have a higher return on capital than Japanese corporate governance, that is, an investor's perspective. It is judged that the company does not currently contribute to the improvement of corporate value.	According to one study, only 23% of domestic and foreign institutional investors are satisfied with Japanese corporate governance. From this result, we judge that investors are currently thinking as follows. Japan's corporate governance has not contributed to raising returns above the cost of capital, that is, to increasing the corporate value they are seeking.

簡潔な日本語の重要性を理解していただくために、プレイン・イングリッシュではなく、あえて自動翻訳ツールでの事例を用いて説明しました。

　Google 翻訳をはじめとした自動翻訳ツールの進歩はすさまじく、各言語翻訳も進化の一途をたどり、私たち人間が語学を学ぶ以上のスピードで進化しています。彼らが人間に代わって、流暢な言葉を書いたり話したりする日もそう遠くはないでしょう。

　ただし、言葉はコミュニケーションツールです。私たちが「意思」「考え」「想い」をもっていなければ、翻訳ツールも役に立ちません。これからの時代は、私たち人間の想像力と発想力を磨く時代になっていくのでしょう。

　あなたが英語で情報を配信したり、コミュニケーションをとるつもりがなくても、あなたの知らないところで、別の国の誰かがあなたの活動やあなたの会社の商品に興味をもち、それをもっとよく知るために、ホームページや SNS の日本語を自動翻訳にかけ、内容を確認しているかもしれません。

　そうした彼らに誤解なく理解してもらうためにも、**簡潔な日本語、つまりプレイン・ジャパニーズ**での情報発信を常に心がけることであなたの活動や会社の製品を売り込むビジネスチャンスにつながる可能性は高まります。

大切なことから、
シンプル、ダイレクトに伝える

なぜ、カタコト英語でも伝わるのか？

　勇気を出して、カタコトの英語を話したら、ネイティブにも通じた
——こうした経験をもつ人も多いのではないでしょうか。

　それは、たとえ文法的に間違っていても、発音が悪くても、あなたの
伝えたいことが「カタコトの英語」に集約されていたからです。

　「英語をネイティブのようにきれいな発音で、文法ミスもなく習得で
きるまで、英語を話すのは恥ずかしい」と思っている人がいたら、いつ
までたっても英語は話せません。

　英語でコミュニケーションをするうえで、大切なポイントがあります。

　それは、**英語は主体である「主語」**（あなた、もしくは誰か）**が、「動詞（何
をしたいのか）」をはっきり述べる**言語だということです。そこが曖昧だと、
プレイン・イングリッシュでのコミュニケーションは成立しません。

　そのために、自分の考えを整理し、そのポイントをシンプルでも明確
に述べることが重要です。

　たとえ、ネイティブスピーカーのようにペラペラと流暢に英語が話せ
ても、要点の定まらないだらだらとした中身の薄い話には誰も耳を傾け
ませんし、逆にがっかりされるかもしれません。

　平易な英語でも、伝えたい論点・ポイントを明確にし、伝達すること
で相手も耳を傾けてくれます。また、英語を話すときは、相手の目を見
て、自信をもち、決して尻すぼまりにならないよう、最後まではっきり
堂々と話すことも重要です。

結論やポイントを先に伝え、簡潔に説明

　自分の考えを簡潔な日本語の文章に置き換え、それをプレイン・イングリッシュにしてください。日本語では、背景や理由、また状況を相手に想像してもらい、最後に結論を述べて相手の同意をもらいますが、英語の場合は、日本語と同じように前提をだらだら述べず、結論やポイントをまず先に伝え、簡潔に説明します。

図表２−２　英語と日本語の違い

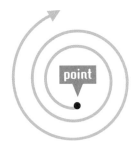

英語はポイントから始まる

日本語は背景・理由から始まり、最後にポイントにたどりつく。ときにはポイントが明らかにされないまま終わることもある。

　「台風で電車が不通となり約束の時間に遅れる」ということを電話連絡するケースを想定して、簡潔な日本語のつくり方を説明してみましょう。

〈日本語で説明する場合〉
　今品川駅ですが、電車で貴社のオフィスに向かっているんですが、台風により電車のダイヤが大幅に乱れていて、本日の会議に間に合いそうにありません。

電車も通常の運行本数の3割に間引き運転されているため、通常ならば8分で到着できるところを電車の運行間隔もあいていて、あと何分で貴社のオフィスに到着できるかもわかりません。タクシーもつかまりません。そのため、このまま電車を利用して向かいます。

　60分はかからないと思いますが、念のため本日2時のミーティングを3時に調整してもらえませんか？

　こうした文章はまず分解して、最も重要なことは何かを選び出します。加えて「残す」「一部残す」「削除」を決定すると、伝えたいことがはっきりします（◎は「一番伝えたいこと」、○は「残す」、△は「一部残す」、×は「削除」を表すとします）。

△　今品川駅ですが、電車で貴社のオフィスに向かっている。
○　台風により電車のダイヤが大幅に乱れている。
×　本日の会議に間に合いそうにない。
×　電車も通常の運行本数の3割に間引きされている。
×　通常ならば8分で到着できる。
×　電車の運行間隔もあいている。
×　あと何分で貴社のオフィスに到着できるかもわからない。
×　タクシーもつかまらない。
△　このまま電車を利用して向かう。
×　60分はかからないと思う。
◎　本日2時のミーティングを3時に調整してもらいたい。

　さらに、重要な情報（伝えたいこと）順に入れ替え、何を伝えたかったのかを再度確認し、不要な情報を割愛します。英語で説明する場合、次のように伝えればよいのです。

〈英語で説明する場合〉

Could we move our 2:00 pm meeting to 3:00?

The trains are all delayed due to the typhoon.

I'm at Shinagawa station.

Just two stops away, so I'll wait for the train.

◎ 本日2時のミーティングを3時に調整してもらいたい。

○ 台風により電車のダイヤが大幅に乱れている。

△ 今品川駅にいる。

△ 〈あと2駅なので、〉このまま電車を利用して向かう。

明確に意思を伝える

　この電話での「台風で電車が不通となり約束の時間に遅れる」ことを伝える文章では、不要な文を削除して、重要な情報順に入れ替えることで伝える内容を簡潔にすることができました。

　日本語は、言語以外のメッセージを察するコミュニケーション方法をとることから、「ハイ（高い）・コンテクスト」なコミュニケーション言語とも言われています。たとえば、文脈や背景を説明することで、伝えたい気持ち、大切なことや結論を言わなくとも何を伝えたいのか、共感してほしいのかを理解し合えます。逆に英語は言葉に重きを置くロー・コンテクストな言語です。

　そのため、残念ながら曖昧な日本語を忠実に英語にしてしまうと通じません。

　日本人以外の人と話したり、英語で会話する場合は、明確に意思や情報を伝えるために、省略されている主語を英語では補足したり、日本語で書かれている背景などの長い説明をバッサリ削るか、最後のパートに移動します。

あなたの言いたいことを短くシンプルにすることで、中学校で学んだ英語の授業の文法と単語でほぼ表現できます。

　そして、それは稚拙でも幼稚でもなければ、無礼にもあたりません。逆にあなたの伝えたいことが、よりダイレクトに、正確に伝わる可能性が高まります。

　本書を読み終える頃には、英語にアレルギーを感じている読者の方には自信を取り戻していただけることと思います。

　英語に自信のある方は、さらに誤解なく理解し合える表現法を試し、生産性を高めていただきたいと思います。

　大切なことは3つ、**①言いたいことのポイントは何かを明確にする、②大切なことから伝える、③一息サイズの長さで、短くシンプルにダイレクトに表現する**ことです。

　要は、情報を整理し、伝える構成（重要な情報順に並べる）を考え、それをまず日本語の短い文に分解し、そこから英語を組み立ててみることです。決してもとの日本語をそのままだらだらと並べて英作文をつくらないよう注意しましょう。そして、不要な情報は思い切って削りましょう。

「読みやすさのレベル」を理解する

「簡潔な日本語」の次は、英文の「読みやすさのレベル」です。プレイン・イングリッシュでは学年レベルを使って、読みやすさの段階を示しています。発信する情報やドキュメントの用途に応じて、その読者を想定し、どのレベルを目指すのかを決めます。

それは、使用される単語、表現の仕方で読みやすさを計測する数式によって導き出されます。その計算式はフレッシュ・リーディング・イーズ・フォーミュラ（Flesch Reading Ease Formula）と呼ばれており、そこから算出されるスコアがFREスコアです。

図表2-3　FREスコアによる読みやすさのレベル

スコア	内容を理解するために必要な英語レベル 米国のGrade表示（日本の相当学年）	説明
90~100点	Grade 5（小学5年生） （平均的な11歳の小学生が簡単に理解できる）	非常に読みやすい
80~90点	Grade 6（小学6年生）	読みやすい
70~80点	Grade 7（中学1年生）	やや読みやすい
60~70点	Grade 8-9（中学2-3年生） （14~15歳の生徒が簡単に理解できる）	プレイン・イングリッシュ ※雑誌『リーダーズ・ダイジェスト』は65点
50~60点	Grade10-12（高校生）	やや難しい ※雑誌『タイム』は52点
30~50点	大学生	難しい
0~30点	大卒以上	非常に難しい（大学卒業レベルの知識が必要）

（出所）https://theatwatergroup.com/ReadablityStatsSample.pdf

計算式の詳細は巻末の資料編を参照してください。その数値によって、文章の読みやすさをレベル分けしています。

　1単語あたりの音節の数が少ないとやさしい単語を使っている、1文あたりの単語数が少ないとやさしい構文を使っていると評価していきます。英語の音節とは、母音を中心とした音のまとまりです。たとえば、important（重要な）という単語なら、im・por・tant の3つのまとまりに分けられます。音節が少ない単語を使うほど、アナライザーのスコアは高くなります（図表2−3）。そのスコアに沿った読みやすさを計測するツール「リーダビリティー・アナライザー」（資料編を参照）を使用すれば、英文の読みやすさのセルフチェックをすることも容易に行えます。目安として、**一般的なレポートやレター、ビジネス文章であれば、FRE スコア 60~70 点が推奨レベル**です。

　そのレベルゾーンをターゲットに英文をつくりましょう。

図表2−4　リーダビリティー・アナライザーによる診断サンプル

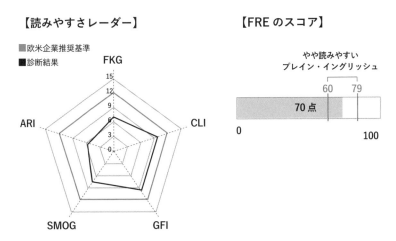

（注）「リーダビリティー・アナライザー」はあくまでも読みやすさの参考ツールであり、絶対ではありません。

次章からは、プレイン・イングリッシュの主な10のガイドラインを説明します。このガイドラインは、アメリカ合衆国政府が発行している行政機関向けのプレイン・イングリッシュガイドライン（Federal Plain Language Guidelines）とアメリカ証券取引委員会（SEC）のプレイン・イングリッシュ・ハンドブック（A Plain English Handbook）をもとに、日本人の読者に向けて基本のガイドラインをわかりやすく編集したものです。

　このガイドラインを念頭に置いて巻末の「単語の書き換えリスト」も参照してください。

　プレイン・イングリッシュで推奨するのは「強い動詞」、そして「サクソン系の単語」です。

　それを使い分けるだけでも、リーダビリティーのスコアが高まります。

　先にも述べた通り、日本語を素直に英語にしようという考えは捨てます。言葉以外の意味、文脈や背景に重きを置く、ハイ・コンテクストな日本語の思考をいったん忘れて、ロー・コンテクスト（言葉に重きを置く）な思考で英文を組み立てることが非常に重要なポイントです。

　そして、英語を表現するうえでは主体となる人物に焦点を当て、それを主語に設定し、強い動詞を使い、能動態で書き始めましょう。

　さらに結論から述べ、修飾語は必要最低限にとどめて、一息で読める文の長さ（1文が20ワードほどの長さ）を意識します。

　プレイン・イングリッシュを書くためには、基本的に日本の義務教育における中学3年生までの英語の基礎学力レベルは必要です。英語に自信のない方は、再度、中学3年生までの英語の文法を復習してください。

　残念ながら、日本語によるプレイン・イングリッシュを学ぶための参考書は、現段階ではまだありません。しかし、言葉は生きものですので、むしろ多くの生きた英語に触れることのほうが大切です。

　幸いネット上では多くの英語を無料で読み、聞くことができますので、それを使わない手はありません。お勧めは「TED Talks」です。英文テロップ（テキスト）を表示して、そこで使われている単語や1文の長さを意識

しながら視聴すると、使われている単語やスタイルがプレイン・イングリッシュであることを理解していただけます。TED 内で示されるプレゼンのスライド内容もシンプルで大変参考になります。

第3章

10のガイドライン

ガイドライン0
情報の整理

　文章を書く前に、その文章を書く目的、最低限盛り込むべき内容を整理します。つなぎ言葉や不要な情報は極力入れないことが望ましいです。

　盛り込むべき内容は相手が何に興味をもち、どういった情報を欲しているのかを考慮したうえで決めます。そして読者に期待する行動が何かも明らかにします。

　発信する情報の中で、一番大切な「ポイント」は何かを明確にしてください。なぜそれが読者にとって大切な情報であるのかの理由も考えてください。図表3-1のフローを参考に情報の整理をしてください。

図表3-1　発信する情報の目的を明確にする

例）リクルート用Webサイト

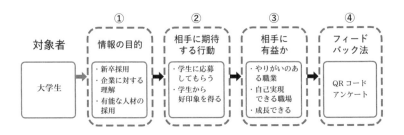

効果的に伝えるために

　理解しやすい文章を書くためには1つの文に1つの要旨が基本です。1文にあれもこれも内容を詰め込むことでポイントが散漫になり、読み手に負荷がかかります。

　そうした日本語を英語に翻訳した場合、さらに読みにくくなり、読者は読む気が失せ、途中で読むことを止めてしまうかもしれません。せっかくの素晴らしい活動も、伝え方で効果が半減してしまいます。

　読者にとってスムーズに頭に入り、情報のポイントを容易に理解できる伝え方を心がけましょう。

　　株式会社ABCコンサルティング（以下「ABC」という）では、顧客である上場企業のコーポレート・ガバナンスへの取り組み状況、改善計画の進捗状況を多角的に明らかにすることを通じ、顧客が国内外の投資家が安心して投資できる国際的に遜色のない投資家の権利保護とそれに基づくコーポレート・ガバナンスを確立することをサポートするという観点から、顧客が開示した「コーポレート・ガバナンスに関する報告書」のデータを用いて、顧客のコーポレート・ガバナンスの現状について総合的な分析を行い、改善提案レポートを提供しています。

　　これまでABCでは、コーポレート・ガバナンスの充実の必要性を顧客に対して解説することを皮切りに、上場会社として遵守すべきコーポレート・ガバナンス原則の確立や独立役員制度の導入などの各種提言もしてきました。また、顧客と投資家との対話の促進を通じ、顧客のコーポレート・ガバナンスをより実質的なものへと深化させていくためのサポートを行っています。

　図表3−2は3つの文で書かれていますが、最初の文は非常に長く、3つ以上の要旨が含まれ、とても一息で読める長さではありません。
　また、2つ目の文も1文に複数の要旨が含まれているため、文は長くなっています。読者は一読してすんなり内容を理解することができません。図表3−3は図表3−2の英訳です。
　図表3−2の日本語の文章を、それぞれの文の要旨を独立した文にしたのが、図表3−4です。1文1要旨にし、ポイントを先に伝えることで読みやすさが改善されました。

図表3－3　図表3－2の英訳

From the perspective of protecting investors' rights on par with international standards so that both domestic and foreign investors in all listed companies who are our clients can participate in the market with confidence, and supporting the establishment of corporate governance based thereon, by clarifying the corporate governance initiatives of our clients and the progress of improvement projects thereto, ABC Consulting ("ABC" hereinafter) has made a comprehensive analysis of the current state of client corporate governance based on data in corporate governance reports disclosed by clients, and provides a report on proposed improvements.

Up until now, ABC has initially explained to clients the need to enhance their corporate governance, and then proceeded to make various recommendations, such as having listed companies establish Principles of Corporate Governance which should be followed and introducing the independent director system. ABC also provides support for deepening client corporate governance to a more substantial level by facilitating dialogue between clients and investors.

図表3-4　一番大切なポイントはどこか？②

　株式会 ABC コンサルティング（以下「ABC」という）は、顧客である上場企業が開示した「コーポレート・ガバナンスに関する報告書」のデータを用いて、コーポレート・ガバナンスの現状の分析を行い、改善提案レポートを提供しています。

　ABC は、国内外の投資家が安心して投資できるように、投資家の権利が適切に保護されていることを重視します。そのため、国際水準を満たしたコーポレート・ガバナンス確立に向け、顧客のコーポレート・ガバナンスへの取り組み状況、改善計画の進捗状況を多角的に明らかにした上でサポートを行います。

　さらに ABC では、コーポレート・ガバナンスの向上を促すために以下のような提言を顧客に対して行ってきました。

・コーポレート・ガバナンスの充実の必要性への基本的な理解
・上場会社が遵守すべき「コーポレート・ガバナンス原則」の確立
・独立役員制度の導入

　また、顧客と投資家との対話の促進を通じ、コーポレート・ガバナンスをより実質的なものへと深化させていくためのサポートを行っています。

図表3－5　図表3－4の英訳

At ABC Consulting, we analyze the current state of client corporate governance based on data from corporate governance reports disclosed by our clients, which are listed companies. We then publish the results in reports alongside suggestions for improvement.

We also emphasize properly protecting the rights of shareholders so that both foreign and domestic investors can invest with confidence. To this end, we shed light on the status of corporate governance efforts and improvement schemes from a variety of angles to help clients establish corporate governance policies that conform to international standards.

ABC has given clients the following recommendations for improving corporate governance.

· Develop a basic understanding of the need for robust corporate governance
· Establish corporate governance principles that listed companies should follow
· Adopt an independent director system

We also encourage dialog between clients and investors as a way to help clients develop their corporate governance into a more sound policy.

さらに、ベスト・タイミングを見計らい、いつ、どのような伝え方をするのかも工夫するとよいでしょう。

　私は仕事がら、外国人投資家に近しい人と話をする機会に恵まれています。彼らはスマホを差し出して「自分たちはすべて"これ"で情報収集している。紙はいらない。投資家も同じだよ」と豪語します。

　日本企業は株主を含むステークホルダーに向けて立派な印刷物でアニュアルレポート（年次報告書）や統合レポートを作成しています。作成には約3か月強かかり、そのうちの3週間は印刷に時間を費やします。印刷のコストもばかになりません。さらに、印刷用のPDF形式のファイルを英文のホームページにアップします。

　ヨーロッパの投資家からすると、環境に無頓着と思われるかもしれません。アメリカの投資家からは、デジタル時代に遅れていると思われるでしょう。また印刷するコストがあったら、Webから直接データを活用できるHTML形式でアップしてほしいと思われているかもしれません。

　どのような形式で情報を読者に届けるのがよいのかについても工夫をすることで、読者の満足度は向上します。

グローバルでは
話の組み立て方がカギに

COLUMN ❺

南 和気

SAPジャパン株式会社
人事・人財ソリューションアドバイザリー本部
北アジア統括本部長

結論に続けて話の全体像を最初に宣言する

英語ができる＝グローバルに仕事ができる、ではありません。日本と海外では、会話の組み立て方が異なります。日本では、背景、理由、結論と順序立てて話していきますが、欧米の人にとってはそれでは話が頭に入っていかない。グローバルな場では、まず「○○を使うべきです」と結論を言い、「そう考える理由は3つあります」と次に話す内容のゴールを宣言するのが鉄則です。さらに、冒頭の結論の直後に「この結論のメリットはいったい何なのか？」という疑問文を加えると、より相手の興味を引きつけられます。

また、ビジネスにおいては、話題の対象が今起きていることなのか、過去に起きたのか、過去からずっと続いていることなのかによって、対応が大きく変わってきます。そのため、英語の文章の組み立てでは「誰が」「何を」「どうする」の要素に加えて、「いつ」で常に時制を明確にすることが大切です。また、最短の時間で最大の効果を得る効率性も求められるので、同じ局面ではできる限り同じ単語を使い、解釈の違いや誤解を避けることを意識しています。

"ロー・コンテクスト"を徹底して意識する

多様なメンバーが集うグローバルな環境におけるビジネスでは、言語化して意味を伝える「ロー・コンテクスト」のコミュニケーションを意識する必

要があります。特に、専門用語や省略語は、コンテクスト（文脈、背景）の共有を前提としたものなので、注意が必要です。たとえば「TOEIC」であれば、伝えたいのは試験の名称ではなく意味と背景ですから、「English Test in Japan」という説明では不十分で、「英語力を測るのに日本で一般的に利用されている試験だが、海外ではあまり活用されておらず、大学の入学試験にも適用されていない」などと言い換えて伝えるべきです。冗長に感じるかもしれませんが、「相手は知らない」ことを大前提に丁寧に説明することを心がけています。

　ビジネスのグローバル化に伴い、日本企業でも、さまざまな国籍の人を採用する、もしくは、海外の拠点で現地の人を採用する企業が増えています。そうした際にも、「人の価値観は多様である」という意識が大切です。たとえば、「日本は安全で清潔な国だから、日本企業なら快適に働けますよ」などと説明しがちですが、何を快適と思うか、どういう環境が働きやすいかは文化背景によって異なりますので、採用時のコミュニケーションには特に注意が必要です。

　人には性別や年齢、国籍などさまざまな属性がありますが、属性がもつ背景を理解し、さらにそれぞれの個人がもつ価値観を理解しながら、丁寧にコミュニケーションすることが、結果としてダイバーシティを活かすことにつながると思います。

プロフィール

南 和気（みなみ・かずき）

兵庫県神戸市出身。大阪大学法学部卒業後、米国企業を経て2004年よりSAPジャパンに入社。人事ソリューション事業責任者、アプリケーション営業責任者などを歴任し現職。2017年度、立命館大学経営大学院にて「人的資源管理」講師を担当。人事・人材戦略コンサルティングのスペシャリスト。著書に『人事こそ最強の経営戦略』『Engaged Organizations』（いずれもかんき出版）、『世界最強人事』（幻冬舎メディアコンサルティング）などがある。

ガイドライン1
対象読者を想定する

「読みやすさ」のレベルを決める

　情報の整理ができたら次に読者を想定します。ドキュメントの用途や種類、その目的に応じてプレイン・イングリッシュの効果的な読みやすさのレベルを設定します。

　前述の「FRE スコアによる読みやすさのレベル」（図表2-3参照）を参考にして決定してください。

　一般的なレポートやレター、ビジネス文書であれば、読みやすさの指標 FRE スコア60 ～ 70点が推奨レベルです。

　大切なことは、読み手に理解してもらうために、相手の視点に立ってわかりやすい言葉でストレスなく読んでもらえる文章を書くことです。

　そのために関連する話題について、読み手にどれくらい知識があるのか、そこをよく考えながら書くことが重要です。

　たとえば、読み手はあなたのこと、もしくはあなたの会社、または組織のことをよく知っている人ですか。それとも、あなたが会ったことのない不特定多数の人でしょうか。読者が一般の人であれば、専門用語は避け、わかりやすく平易な言葉で書きます。

　語彙レベルや専門知識レベルは前述の読みやすさを測る「リーダビリティー・アナライザー」（図表2-4参照）を使うと容易に確認できますので、文を書き終えたらご自身でレベルのチェックをしてみましょう。

　強い動詞（「ガイドライン7」を参照）やより簡潔な単語（資料の「単語の書き換えリスト」を参照）を使用し、いかにダイレクトに誤解なく、効果的

に伝えるかを意識して書きましょう。

読み手の要望に沿った情報提供の仕方

　読者は必要な情報をいち早く入手するために、情報収集します。その情報を知らなかったために損をすることがないように、合理的に情報を入手したいと願っています。そのため、配信する側は、読み手にとって関心の高い情報を容易に探せ、入手できるような提供方法を工夫することが必要です。

　さらに必要であれば、データを比較分析するために二次的に加工できるようにしてあげることで、相手の時間の節約とニーズを満たすことができます。

　たとえば、多くの投資家はAIを駆使して企業の財務データを分析します。二次的加工ができるデータとは、AIが自動的に読み込めるデータ形式です。日本の企業の多くはWeb上でPDFファイル形式を用いて情報提供していますが、それは投資家からは歓迎されません。

　Webで情報提供するのであれば、HTML形式でダイレクトにデータ活用が可能な方法をお勧めします。

ガイドライン2
重要な情報は文書の先頭に置く

まず結論を述べる

　日本語の文章を書くときに推奨される「起承転結」型のスタイルは、最後まで読まないと結論がわかりません。多くの物語やドラマもその順でつくられていて、私たち日本人はそのスタイルに慣れ親しんでいます。

　また「起承転結」型のスタイルは、「相手の表情や反応、出方に応じて最後に結論を変えることもできる」という、表現上の柔軟性もあります。

　しかし、ビジネス実務で使う文章においては、結論や要点を先に述べることが大切です。お互いの時間を効率的に使う観点から、昨今では「起承転結」よりも「結論を先に述べる」スタイルが多用されています。

　英語は、まず結論もしくは一番重要なポイントを述べ、そのあとに理由や経緯を述べるという「逆三角形」型（最初の内容が重く、先に行くほど、補足的な内容のものになる）です。

　最初に結論を述べるため、英語では日本語のように、最後に結論を変えることはできませんので、意思を決めてから、伝えることが求められます。

図表3－6　文章の構成と要素

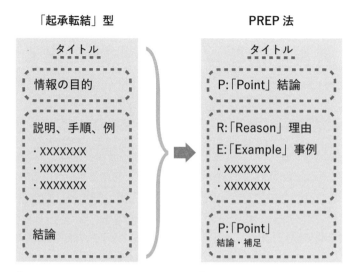

英語で1文をつくるときの単語の並べ方は「結論が先・説明は後」。
パラグラフや文書をつくるときも「結論が先・説明は後」の順で書きます。

　「ガイドライン0　情報の整理」の節で解説した一番伝えたい重要な
情報（結論）は文書の先頭に配置します。その後、その結論に至った理
由やその情報を重要と思った理由を述べてください。会議や交渉の場、
講義やセミナーの場でも、日本では話しているスピーカー（講義では講師）
を重んじて、最後まで話を聞いてから、質疑や意見を述べます。

　しかし、国際会議の場や海外の講義では、途中でも自由に質問がされ
たり反対意見が出たり、日本のように最後までおとなしく聞いてはくれ
ません。発言や意見が活発に飛び交う中で、まごまごしていると最後の
結論までたどりつけない可能性もありますので、言いたいこと（一番重
要なこと）は最初に述べることが必須です。

　文章構成に限らず、1つの文でも同様に結論を先に述べるようにしま

す。いずれも日本語のように理由・経緯から始まり、結論を説明している文を、結論を最初に述べるように変更した例です。

【理由・経緯から述べる】

A multiple car crash on the radio led us to **take the alternate route**.

複数の車の衝突事故のニュースをラジオで聞いたので、私たちは別のルートを選びました。

【結論から述べる】

We **took the alternate route** after hearing about a multiple car accident on the radio.

私たちは別のルートを選びました。複数の車の衝突事故のニュースをラジオで聞いたからです。

【理由・経緯から述べる】

To reflect rising costs and sluggish demand, **Company X revised its forecasts downward**.

費用の高騰と需要の低迷を反映するため、X 社は業績予想を下方修正しました。

【結論から述べる】

Company X revised its forecasts downward to reflect rising costs and sluggish demand.

X 社は業績予想を下方修正し、費用の高騰と需要の低迷を反映しました。

理由・経緯はシンプルに述べる

　結論を述べたら、そのあとに理由や経緯をシンプルに伝えます。理由や経緯をだらだら述べることで、主旨に対する関心の比重が薄れ、結論が見失われないようにするためです。

【理由・経緯をだらだらと述べる】

If I could speak English, I would be able to communicate with people from overseas and be able to experience a world that is unfamiliar to me. What's more, regarding where I could work, I wouldn't be limited to only Japan, I could choose any place in the world. That's why **I'm studying English**.

英語ができれば、海外の人とコミュニケーションをとり、自分の知らない世界を経験できます。また働く場も日本だけでなく世界から選べます。こうした理由により、私は英語を勉強しています。

【結論から述べ、理由・経緯はシンプル】

I am studying English. That's because I want to communicate with people from overseas and experience a world that I'm unfamiliar with. What's more, this will make it possible for me to work anywhere in the world, not only Japan.

私は英語を勉強しています。なぜなら海外の人とコミュニケーションをとることで、自分の知らない世界を経験できるからです。また働く場も日本だけでなく世界から選べるためです。

聞き取れなかったときは
「more slowly」ではなく「in plain English」

COLUMN **❻**

堤　丈晴

株式会社ジャパンタイムズ代表取締役社長
Japan Times ESG推進コンソーシアム代表

Webでも通用する英字新聞の逆三角形型スタイル

　在留外国人と日本人の相互理解を促進する目的で1897（明治30）年に創刊された英字新聞「The Japan Times」は、今もそのミッションを受け継ぎ、日本についての情報を英語で幅広く世界に発信しています。

　英字新聞の記事は、ヘッドライン・リード・ボディ（本文）を逆三角形型で書き進めるスタイルで、リードまで読めば概要をつかめるところが日本の新聞とは大きく異なります。他にも、客観性を担保し、限られたスペースを有効に使うために、1人称で書かない、修飾語を多用しない、受動態は避けるなどのルールがあり、伝わりやすさを重視するプレイン・イングリッシュと共通する部分が多いといえます。また、読者の中心はアメリカ・イギリスといった英語圏出身者ですが、非ネイティブ読者も少なくありません。彼らにとっては「The Japan Times」が唯一の情報源といった側面があるため、来日したばかりの人でも理解できる記事づくりを意識しています。

　より高い効率性が要求されるWeb版には、結論から入る英字新聞の逆三角形型のスタイルが適しており、今後、媒体が紙からWebに移行しても、英字新聞で蓄積してきた読ませるノウハウは活かせると考えています。

海外投資家から正当な評価を受けるために

　国際連合が提唱した「責任投資原則（PRI）」を受けて、環境・社会・企業統治といった観点から中長期的に企業を評価する「ESG」が注目されています。これに関して、日本の企業は2つの課題を抱えています。1つは、陰徳を積むのをよしとするカルチャーが根づいていて、欧米主導のルールに対応した情報開示ができていないこと。もう1つは、英文情報が物理的に不足しているうえに、日本語からの翻訳をベースとしているため理解しやすい情報になっていない点です。

　ジャパンタイムズには、在留外国人や駐日大使館、外資系企業幹部とのネットワーク、120年間の英字新聞発行で培った英文発信力があります。これらを活かして日本企業のESG情報発信を支援するため、2018年に「Japan Times ESG推進コンソーシアム」を設立しました。日本は古くから環境や社会への配慮に取り組んでおり、コミュニケーション上の問題さえ解決されれば、本来の強みが見えるようになり、外国の投資家からより正当な評価を受けられるはずです。

　非ネイティブ同士が英語でやりとりをする機会も増え、英語で円滑なコミュニケーションを図るテクニックも従来から変化しています。私の経験では、発音よりもアクセントやイントネーションを重視する、意味のかたまり（chunk）ごとに区切って言う、聞き取れなかったときは「more slowly」ではなく「in plain English」と伝えるのがよいようです。

プロフィール

堤 丈晴（つつみ・たけはる）

1988年4月、株式会社ジャパンタイムズ入社。2004年8月CRM室長、2006年3月取締役販売局長、2007年4月取締役管理局長、2011年5月取締役クロスメディア局長を経て、2012年6月代表取締役社長に就任（現職）。弘前大学卒業、札幌市出身。

ガイドライン3
長文より短文を用いる
──17〜20ワードが読みやすい

　読みやすい英文とは1文が17〜20ワードほどの文章です。話し言葉の平均的なワード数は特にありませんが、いずれも息継ぎができる長さがほどよい長さです。このワード数より長い場合は文を2つに分けます。その場合、重要な論旨を含む文を前に、理由や経緯、補足となる文を後につなげてください。

1文に要旨は1つ

　1文に表現するのは、1つの内容にとどめましょう。長く複雑な文になるのは、書き手が言いたいことがはっきりしていない可能性がありますので、再度確認をしてください。

　また、複雑な情報を伝える場合も、情報を理解しやすいように小さいセグメントに分けて、短い文にするほうが適しています。従属節や例外、例外の例外などを詰め込んだ文は、文が長くなり、本題を見失いがちになり、読み手を混乱させてしまいます。

　すべての要旨を1文に詰め込みたいという衝動をこらえ、要件を整理しわかりやすい文を心がけましょう。

　複雑な文章をわかりやすく書き換えるには、文章力と語彙力が必要です。明確に情報を伝えるためには、簡潔な文にすることが求められます。見慣れない専門用語や難しい言い回しの文は、一見すると賢そうに見えます。しかし、明快で簡潔な文章を書くことのほうが容易ではないこと

は言うまでもありません。

We **had a discussion about** the matter.
私たちはそのことについて議論した。

【より簡潔に】
We **discussed** the matter.
私たちはそのことについて議論した。

Please **be advised that** our next meeting **will be held** on Wednesday 15 September.
次回の会議は9月15日水曜日に開催されることをご承知おきください。

【より簡潔に】
Our next meeting **will be held** on Wednesday 15 September.
次回の会議は9月15日水曜日に開催されます。

On two different occasions, the project manager **made the attempt to provide documentation of the problem**, but neither of the two attempts **was regarded as satisfactory** by Headquarters.
プロジェクトマネージャーは2度にわたり、その問題についての書類を提出したが、いずれも本部の納得のいくものではなかった。

【より簡潔に】
Twice, the project manager **tried to document the problem**, but neither attempt **satisfied** Headquarters.
プロジェクトマネージャーは2度にわたり、その問題を文書化したが、いずれも本部の納得を得られなかった。

Center Japan **has established** the Management Advisory Council **to serve as a consultative body** to the president from the perspectives of **compliance and management transparency**.

Center Japan は社長の業務執行に関して法令遵守と経営の透明性確保の視点から助言する諮問機関として、経営諮問会議を設置しています。

【より簡潔に】

Our Management Advisory Council **advises** the president in two areas: **compliance and transparency**.

弊社（※ Center Japan のこと）の経営諮問会議は、法令遵守と透明性という2つの分野において社長に助言しています。

前置詞に注意

　複数のフレーズや節を含んだ複雑な文は、回りくどい文となり、理解が難しくなります。

　しかし、不要な単語にはさまざまな種類と用途があるため、明確に分類することは難しく、参考にできるリストはありません。

　最良の方法としては、文章を書く際に使用する各単語が、必ず必要であるかを確認しながら書くことです。その第一歩として、of、to、on などの前置詞に注意します。あくまでも参考ですが、そうした前置詞を使用しているフレーズがあった場合は、一般的に短い言葉に置き換えることが可能です。前置詞を使っているフレーズを別の短いものに置き換える表現例を次に示します。

図表3－7　使わないほうがいい表現と使うべき表現①

使わないほうがいい表現		使うべき表現	
a sufficient number of	十分な数の	enough	十分な
at this point in time	この時点では	now	いま
in conjunction with	ともに	with	ともに
in relation to	～に関連して	about、to	～に関して
is able to	可能	can	～できる
on a monthly basis	毎月	monthly	毎月
on the ground that	このことを前提に	because	なぜなら
be responsible for	～の役割を果たす	must	～しなくてはならない

冗語や過剰な修飾語にも注意

また、通常、冗語（不要な単語）は省略できます。

The X **Department** and the Y **Department** worked **together** on a **joint** project to improve customer retention.
X 部門および Y 部門は顧客維持を改善するジョイントプロジェクトに、協力して取り組みました。

【通常、冗語（不要な単語）は省略】
The X and Y Departments worked on a project to improve customer retention.
X および Y 部門は顧客維持を改善するプロジェクトに、取り組みました。

たとえば、最初の文では、「joint」は不要な単語です。また、「together」がなくても、X and Y worked on a project（XとYが同じプロジェクトを行っている）という表現に同じ意味合いが含まれていますので問題がありません。joint も together も、冗語となります。また、absolutely、actually、completely、really、quite、totally、very など、過度な修飾語も多くの場合は必要ありません。

Their claim was **totally** unrealistic.
彼らの主張は非常に非現実的でした。

【通常、冗語（不要な単語）は省略】
Their claim was absurd.
彼らの主張は不合理でした。

It is **particularly** difficult to reconcile the somewhat differing views expressed by the management team.
経営陣が述べた幾分異なる見解を調整することが、特に難しくなっています。

【通常、冗語（不要な単語）は省略】
It is difficult to reconcile the differing views expressed by the management team.
経営陣が述べた異なる見解を調整するのは、難しくなっています。

Total disclosure of all facts is **very** important to make sure we draw up a total and **completely** accurate picture of the Agency's financial position.
すべての事実を完全に開示することは、当局の財務状況の100パーセント正確な全体像を把握するために非常に大切です。

【通常、冗語（不要な単語）は省略】

Disclosing all facts is important to creating an accurate picture of the Agency's financial position.

当局の財務状況を正確に把握するためには、すべての事実を開示することが大切です。

　英語では、異なる単語を使用して同じことを繰り返し表現することはありますが、同義語を重ねて使うことは避けます。

　法律用語で、null and void など語が重なっている同義語反復が使われる場合があります。両方とも「無効」という同じ意味で、不必要にセットで使われることがあります。短く簡潔な文章を目指すためには、このような反復語は避けましょう。

　不要な単語を削除する方法は他にもあります。動詞の名詞化（隠れ動詞）は使用しない、代名詞を使用して読み手に直接呼びかける、能動態を使うといった方法はのちほど、説明していきます。

図表３－８　使わないほうがいい表現と使うべき表現②

使わないほうがいい表現		使うべき表現	
due and payable	支払時期が到来	due	期日
cease and desist	停止	stop	停止
knowledge and information	知識および情報	(either one)	（どちらか）
begin and commence	はじまりおよび開始	start	開始

想定事例を複数述べる場合は文を分ける

　ルールや規制文書では、if 〜 then の表現が頻繁に使用されています。その場合の if はその条件文の対象者を示します。if で始めた節のあとに then で始まる節が続きます。もし、条文が複雑な場合や特に if が複数使用されている場合は、1 つの if ごとに別の文で表現するか、表を使って表現します。

図表3-9　文章を表にすれば、わかりやすくなる

【改善前】

> Immediate tax relief will be determined in the following manner. If the filling status on the return is "Single" or "Married Filing Separately," the amount of the check will be the lesser of $300 or 5% of taxable income.
>
> If the filing status is "Head of Household," the amount of the check will be the lesser of $500 or 5% of taxable income. If the filing status is "Married Filing Jointly" or "Qualified Widow (er)," the amount of the check will be the lesser of $600 or 5% of taxable income.

【改善後】

Immediate tax relief will be determined in the following manner.	
If your filing status on your return is:	**Then the amount of your check will be the lesser of:**
Single, or Married Filing Separately	· $300, or · 5% of your taxable income
Head of Household	· $500, or · 5% of your taxable income
Married Filing Jointly, or Qualifying Widow (er)	· $600, or · 5% of your taxable income

図表3−9、3−10は、確定申告に関する文書例です。表を使って同じ内容を表現します。表にしても内容が複雑ではありますが、読みやすさは改善されます。

図表3−10　図表3−9の日本語訳

【改善前】の訳

> 　即時の所得控除は次のように決められています。確定申告の申告ステータスが「独身」または「夫婦個別申告」の場合、300ドルまたは課税所得の5%のいずれか少ないほうになります。
>
> 　申告ステータスが「世帯主」の場合、500ドルまたは課税所得の5%のいずれか少ないほうになります。申告ステータスが「夫婦合算申告」または「寡夫（婦）」の場合、600ドルまたは課税所得の5%のいずれか少ないほうになります。

【改善後】の訳

即時所得控除は次のように決められています。	
確定申告をされる方	**払い戻される金額（いずれか少ないほう）**
独身、または 夫婦個別申告	・300ドル、または 　課税所得の5%
世帯主	・500ドル、または 　課税所得の5%
夫婦合算申告、または 寡夫（婦）	・600ドル、または 　課税所得の5%

謙遜も遠慮も不要
「できない」「無理」もはっきり伝える

COLUMN ❼

吉田恵子
外資系証券会社
債券トレーディング部門COO

ネイティブの話す英語は多種多様

　外資系証券会社に勤務しており、上司や同僚が香港やオーストラリアにもいるため、社内のコミュニケーションはすべて英語です。一口に英語と言っても、国や地域が違えば表現が異なることもあるうえに、発音に訛りやくせのある人もいて、入社後数年は特に英語での電話対応に苦労しました。

　ネイティブの話すスピードに慣れ、トーンから相手の意図を読み取る訓練に役立ったのが、字幕つきの映画を利用したトレーニングです。最初は聞き取ることが困難でしたが、次第に文字数制限のある字幕で表現し切れていない内容を読み取ることができるようになったり、生きた会話からさまざまな言い回しを学び、表現のバリエーションが増えたように思います。メールでのコミュニケーションでは、読み手に伝えたいことが正確に伝わるよう、わかりやすい文章を書くように心がけています。一度書いた文章を読み返し、1文が長くならないよう、短い文章で簡潔にまとめるよう心がけています。ビジネスで大切なのは、情報を相手に正確に伝えることです。

日本人は、「できない」を言うのも、言われるのも苦手

　先日、日本と海外のカルチャーの違いを感じる出来事がありました。仕事で行き詰まっていたときに、それを個人的な問題ととらえ、他者に助けを求

めることができませんでした。「できない」ことを自分の能力のなさと感じ、それを他者に伝えることを恥ずかしいと思っていたのです。思い切って香港にいる上司に相談したときに、最初に言われた言葉は、「言ってくれてありがとう」でした。私のSOSで部下の状況が把握でき、上司として必要なサポートをする機会が得られ、相互にとってよい結果に至りました。そのような風通しのよいコミュニケーションがとれるようなカルチャーが日本でも浸透していくと職場でのストレスを軽減できるのではないでしょうか。

　社内で定期的に実施される従業員満足度調査でも、カルチャーの違いを感じます。5段階評価で日本人は、特に問題がない場合、真ん中の ［3］ を選び、とてもよいと感じた場合にやっと ［4］ を選ぶのに対して、海外では、よいと感じた場合は ［5］ を選ぶ傾向にあります。結果として、日本のスコアは海外と比較した場合に低くなります。カルチャーの違いが考慮されない限り実態を正確に把握することができません。

　自己評価をする場合にもこのような違いが現れます。私もそうですが、日本人の場合は、自分の実績を謙遜して評価しがちです。［100］ できたときに、［100］ と表現できるようにならなければ正当に評価をしてもらうことはできません。私もようやく自分の評価を、過度に謙遜することなく、［100］ を ［99］ と言えるようになりました（笑）。入社時に比べると、さまざまな意味で「グローバルさ」が身についたと思います。

プロフィール

吉田恵子（よしだ・けいこ）
1988年、外資系証券会社に入社、証券事務部に配属。その後ミドルオフィスに異動し、証券会社のビジネスファイナンスおよびトレードサポート部門で経験を積む。現在、3社目の外資系証券会社にて、債券トレーディング部門のCOOとして、オーストラリア、香港、東京の3拠点をサポート。2人の子供をもつワーキングマザー。

ガイドライン4
短く、シンプルな単語を使う

　古典文学作品のように表現豊かな文章を書く場合を除き、一般の文章やビジネスの文章、情報伝達のための文章では、短くシンプルな単語を使います。

　書面で読み書きするときも、会話で話すときも、単語は相手とコミュニケーションをするための基礎となります。そのため単語の選択は重要です。相手にスムーズに伝えるためにも、明確でわかりやすい単語を慎重に選びましょう。

　ブライアン・A・ガーナー（Bryan A. Garner）の著書 *Garner's Modern English Usage*（Oxford University Press, 2016 年）は、英語の文法、スタイル、句読点、スペル、単語の選択に関する実用的で合理的なガイダンスを記した 1 冊です。この本でも、単語を選択する際によりシンプルで直接的な単語を使用して表現することが推奨されています。具体的には、以下の通りです。

・あまり使用されない単語よりも、一般的に使われる単語を使用する
・抽象的な単語よりも、直接的で具体的な単語を使用する
・回りくどい言い回しよりも、1 つの単語を使用する
・長い単語よりも、短い単語を使用する

抽象的な単語よりも直接的で具体的な単語を選ぶ

We lack the **resources** to undertake this project.
私たちはこのプロジェクトに取りかかるためのリソースが不足していた。

　上記の文を読んでも特に違和感なく読めますが、具体的にこのプロジェクトに取りかかるには、実際に何が不足しているのかわかりません。resources とはお金なのか、スタッフなどの人的資源なのか、専門知識なのか、もしくはシステムや機材なのか、わかりません。次のように具体的に記しましょう。

We lack the funds to undertake this project.
私たちはこのプロジェクトに取りかかるための資金が不足していた。
　あるいは、
We lack the expertise to undertake this project.
私たちはこのプロジェクトに取りかかるための専門知識が不足していた。

　具体的な言葉を選択し明瞭に述べることを心がけます。

All **materials** shall be **secured** prior to employee departure.
職員が場を離れる際は、すべての資料を安全性が保証された場所に置かなければならない。

Before you leave, lock all **documents** in the **safe**.
場を離れる際は、すべての文書を金庫に入れてください。

　上の例では抽象的な materials、secured を具体的に言い換えています。

Be sure to **execute the form** before forwarding it to this office.
当局に送る前に様式を完成させてください（署名・捺印してください）。

Be sure to **sign the application** before mailing it.
郵送する前に申請書に必ずサインをしてください。

　execute the form より sign the application のほうが具体的でわかりやすいですね。

ロマンス系よりサクソン系の単語を選ぶ

　明確な情報伝達には、音節の少ない単語、つまりサクソン系の短くシンプルな単語ほど伝達に適しています。

　たとえば「歩く」という言葉を英語にするとき、皆さんはどのような英単語を思い浮かべるでしょうか。

　一般的には「walk」ですが、同じ意味で「perambulate」というロマンス系由来の単語もあります。一部の人を除いて知らない人のほうが多い単語です。

　次の表は、一般的な単語のロマンス系とサクソン系の比較表です。

図表3−11　非推奨の単語と推奨する単語

非推奨：ロマンス系 (ラテン系)	推奨：サクソン系
commence	start、As of
fabricate	make
facilitate	help
necessitate	need
terminate	end
utilize	use

　ロマンス系の単語のほうが音節も長く発音するのも難しいので、それを使ったほうが賢そうに見えるだろうと思われるかもしれません。しかし、もともとラテン語から派生したロマンス系よりも、サクソン系の単語は音節が短いので読みやすく、発音しやすいのが特徴です。そのため現在ではサクソン系の単語が一般的に使用されています。プレイン・イングリッシュでも、サクソン系の単語の使用を推奨しています。

　たとえば、英語圏の友人に "Let's go for a walk in the moonlight." と短いシンプルな英語ではなく、"Let's go for a perambulation in the lunar illumination." と散歩に誘ったら、意味は同じでも仰々しい言葉を使っているので一体どこの古典文学から引用したのかと驚かれてしまうでしょう。

次に紹介する英文は、使用している単語がロマンス系かサクソン系かの違いだけで、意味はあまり変わらないという例です。

【ロマンス系を使用】

We **terminated** contracts with Supplier X.

【サクソン系に置き換え】

We **ended** ties with Supplier X.

サプライヤー X との提携が終了した。

【ロマンス系を使用】

In the period commencing April 1, we will prepare our financial statements according to the International Financial Reporting Standards (IFRS) as set forth by the International Accounting Standards Board (IASB).

当社は、4月1日に始まる期間においては、国際会計基準審議会（IASB）によって定められている国際財務報告基準（IFRS）にしたがって財務諸表を作成します。

【サクソン系に置き換え】

As of April 1, we report under IFRS.

4月1日時点、弊社は国際財務報告基準（IFRS）の規定により報告しています。

ガイドライン5
専門用語は必要最小限に抑える

　相手が一般的な読者であれば、専門用語をなるべく避けましょう。専門用語を使わざるを得ない場合は用語集をつくり、資料の前や後ろに配置するとよいでしょう。

　一般的に読み手からの問い合わせや苦情で一番多いのが専門用語に関するケースです。

　専門用語は、専門家のグループには役に立ちますが、一般の読者向けであれば、専門用語を羅列することで、誤解が生じたり、読み手に疎外感を与える可能性があります。

　専門用語をできるだけ日常使う用語に置き換えて文章を作成する工夫をしてみると、シンプルな言葉でも、専門用語を羅列するのと同様に、あるいはそれ以上に、専門的な情報を正確に伝えることができます。

　専門用語を日常使う用語に置き換えることを推奨はしますが、必要な専門用語をまったく使用しないということではありません。必要な部分以外は、できるだけわかりやすく伝えることを優先してください。

　専門用語以外で表現できない場合は、その用語を定義します。ただし、定義は必要最低限に抑えます。定義しなくてもすむように、まずは平易な言葉に書き直すことを推奨します。

図表3-12 専門用語の言い換え①

専門用語	言い換え	意味
財務用語		
debtor	borrower	債務者
eligible	suitable	適格な
insolvent	bankrupt	破産した
purchase	buy	買う
医療用語		
anorexia	loss of appetite	食欲不振
cerebral	in the brain	脳の
cognitive	thinking	認識
deteriorate	get worse	悪化する
dysfunction	problem	機能障害
hepatic	liver	肝臓の

図表3-13 専門用語の言い換え②

専門用語を使用した表現		日常使う用語を使用した表現	
involuntarily undomiciled	意思に反して住居がない	homeless	ホームレス
swimming facility	水泳施設	pool	プール
motor vehicle	自動車	car	車
passive restraint device	自動安全装置	air bag	エアバッグ

専門用語を日常使う用語に置き換えると文は簡潔になることが多いです。

The child disengaged her **active restraint system** in the car.
その子はシートベルトを解除した。

The child took off her **seat belt**.
その子はシートベルトを外した。

Energize the **internal circuitry** of the device.
デバイス内部の電気回線に電圧を加えます。

Turn on the device's **power**.
デバイスの電源を入れます。

法律用語 ── 法律を読みにくくしている

　規制やその他の文書に使用されている法律用語は、難しい専門用語を使っている場合が多く見られます。hereafter、heretofore、therewith という古めかしい用語を使用しなくても、読み手には問題なく理解してもらえます。

　著名な法律文書の専門家、ジョセフ・キンブル（Joseph Kimble）教授は、2006年に、法律文書を読みにくくしているすべての単語や形式ばった表現の使用を避けるべきであると提唱し、例として次の単語一覧をあげています。

図表3−14　法律文書を読みにくくしている単語

above-mentioned	上記の	thereafter	その後
aforementioned	前出の	thereof	それの
foregoing	前述の	therewith	それとともに
henceforth	今後	whatsoever	何でも
hereafter	この先	whereat	そこで、どこで
hereby	これによって	wherein	そこで、いかにして
herewith	ここに、これにより	whereof	〜するところの

相手の行動を促すには must を使う

　古めかしく意味が曖昧な shall は、法曹界において使用頻度が著しく少なくなっている単語の1つです。現在では、法規制を作成する際にshall は使用せず、多くの政府機関や法律家は、義務を示すのに must を使用しています。読み手が相手に行動してもらう必要性があることを強く伝えたいときは、must を使用するのが最も効果的です。アメリカ合衆国裁判所でも、訴訟手続規則において shall の使用を廃止し、must を使用するようになっています。

・**禁止**には **must not** を使用します。
・**任意の行動**を表現するには **may** を使用します。
・**推奨**には **should** を使用します。

Manuscripts **shall** be **viewed** only in the research room.

Manuscripts **may** be **viewed** only in the research room.
原本は研究室でのみ閲覧できる。

You and your financial institution **shall** agree on how invoice information will be provided to you.

You and your financial institution **should** agree on how invoice information will be provided to you.

お客様とお客様の金融機関は、請求書情報がどのように提供されるかについて合意すべきです。

ガイドライン6
能動態を使う
── 日本語を忠実に英作文すると受動態になる

　私たちは普段あまり意識していませんが、日本語では英語と比べて受動態の表現がよく使われ、主語が省略されることも多いです。主語を明記しなくても行為者が推測できる場合もあり、逆にそれらすべてに主語を入れるほうがむしろ不自然に感じることもあります。たとえば、次のような受動態で書かれた日本語の文章は特に違和感はありません。

「B社では3年間にわたり粉飾決算が行われていた」

　この文を日本語に忠実に英語に訳すと、受動態の文になります。

受動態を避ける理由

　私たちは、英語の授業で「能動態」と「受動態」の置き換え法を学びました。しかし、「能動態」と「受動態」とで英文の与える印象の違いや使用する用途などは学びませんでした。

　日本語には受け身の表現（受動態）が多いため、それを英語にするときには受動態を使ってしまいがちです。また、日本語は主語が明示されていなくても意味が通じることもあるため、そうした表現を英語にするときには、受動態を使って動作の担い手を省略します。

　そのため、「日本人の書く英文は受動態が多く、文法的には誤りではないが、英語圏のネイティブは使わない不自然な表現であることが多い」と言われます。先に示した日本語の例文で見てみましょう。

【受動態】

At Company B, over a period of three years, fraudulent accounting had been carried out.

B 社では 3 年間にわたり粉飾決算が行われていた。

【能動態】

Company B executives had rigged the accounts for three years.

B 社の経営陣は 3 年間にわたり粉飾決算を行っていた。

　英語は日本語と異なり、主体（主語）を明確にし、行動の責任の所在を明らかにし、能動態で「主語（S）（誰が）＋動詞（V）（行動した）＋目的語（O）（何を）」で、「誰が、何を、どうしたか」を明確に表します。

　英語で受動態を多く使うと、主体性に欠ける曖昧な印象になり、文章の活気が損なわれます。

　皆さんも英語を書いたり話したりするときは日本語に引きずられて受動態にせず、能動態を使うことを心がけてください。

能動態に書き換えると文が簡潔になる

　受動態の文が続くと、淡々と事実だけが述べられているような無機質な印象を受けます。能動態の文に書き換えることで、「誰が何をした」かが短い文で明確になるため、全体の流れがスムーズになり状況がより伝わりやすくなります。

【受動態】

Tom's proposal **was approved** by the director.

トムの提案は役員の承認を得られた。

【能動態】

The director **approved** Tom's proposal.

役員はトムの提案を承認した。

【受動態】

The strategy **was developed** by our team.

その戦略は私たちのチームによって立てられた。

【能動態】

Our team **developed** the strategy.

私たちのチームがその戦略を立てた。

　日本語では「～された」「～られた」という表現は自然ですが、英語では主語を明らかにし、「行動・行為」を明示する能動態を使います。

例外的に受動態で書くケース

　英語は、基本的に能動態を使用しますが、例外として受動態の使用が適切であるケースがあります。以下に、その6つのケースを紹介します。

①人間以外のモノや「法律」が主語になるときは受動態を使用する

　法律や規則のように、情緒的な要素はなく、あくまでも事実を客観的に伝えることが重要視されるケースでは、受動態を使用します。また、法律そのものが主語となる場合は、受動態を使用して表現します。

If you do not pay the royalty, your lease will be ended.

あなたがロイヤリティを支払わない場合はリース契約は解約となります。

②動作の担い手（主語）が不明な場合

　受動態では、by に続く動作の担い手（主語）を省略することができます。担い手がわからない場合に受動態を使うことで、主語がなくてもスムーズに表現できます。

This bowl was made in the Jomon period.
この器は縄文時代につくられた。

This dam was built in 1963.
このダムは 1963 年に建設された。

　誰がつくったのか不明なため、「by つくり手」が省略されています。

③主語が長い場合

　英語は結論を先に述べる傾向にあります。日本語では長い主語もよく見受けられますが、英語ではあまり好まれません。その場合は受動態を使います。

【能動態】

The wife of my mother's doctor wrote this book.
私の母のかかりつけのお医者様の奥様が、この本を書いた。

【受動態】

This book was written by the wife of my mother's doctor.
この本は私の母のかかりつけのお医者様の奥様が書いた。

④動作の担い手を意図的に隠す場合

　主語（動作の担い手）をあえて明かさず、以下淡々と状況を表すときには受動態を使います。

His respirator was removed.
彼の人工呼吸器は外された。

⑤動作の担い手ではなく、その事象を強調したい場合

　動作の担い手よりも、事象そのものを特に伝えたいときには、受動態を使って事象を先に述べます。動作の担い手は省略することも多いです。

The criminal is being chased.
その犯人は追われている。

She was taken to the hospital.
彼女は病院に搬送された。

⑥自然現象や、動作の担い手が主体性をもって起こしたわけではない事象を客観的に表す場合

　たとえば、実験の事象や結果を表すときなどがこのケースにあたります。ただし、学術論文を書く際、科学・化学分野であっても実験の事象やデータを示す場合を除き、基本的には能動態で書きます。

The highway was closed due to heavy snow.
高速道路は大雪で閉鎖された。

NaCl is formed by combining Na and Cl.
食塩 NaCl は Na と Cl が結合してできている。

精密な英語力は
国際会議と契約書で培われた

COLUMN ❽

佐久間総一郎
日本製鉄株式会社
常任顧問

　私の英語は2つの経験がベースとなっています。1つは、OECD（経済協力開発機構）で経験した国際会議の事務局業務です。入社7年目から留学というのが通例でしたが、運よくパリのOECDにアドミニストレーターとして4年間勤務する機会を得ました。その直前まで、会社の法務部門で辞書と首っ引きで大量の英文資料を読んでいた時期があり、読む力は多少身についていましたが、書く力、話す力はOECDで鍛えられました。

　書くうえで非常に参考になったのが、英語の実力がOECDでナンバーツー（広報担当がナンバーワン）と自称していたイギリス人上司の文章です。短くて、「強い動詞」を使ったキレのある文章で、今思えばプレイン・イングリッシュに通じるものがありました。その一方で、彼が会議で話す英語はプレイン・イングリッシュとは異なりました。上司に、「Soichiroは、話が短すぎる」という注意を受けたときには驚きました。彼いわく、「私は、これからこういうことを話す。私は、こう考える。私は、こういうことを言った」との三段重ねで、会議ではコメントすべきとのこと。同じことを繰り返すと嫌がられる日本の文化との違いを感じました。

　もう1つのベースは、入社してから役員になるまで長年従事した国際法務の業務です。この分野で大切なのは契約書等を正確に読み、書くことであり、やりとりをする海外の弁護士は教科書のような英語を話すため、私の英語も

かなり堅苦しいものと言えるでしょう。

　役員になって仕事で英語を使う機会は減りましたが、2007年に世界の経済団体を代表してOECDに提言をする「経済産業諮問委員会（BIAC）」の国際投資・企業行動委員会副委員長となり、今度は発信する側としてOECDの国際会議に出席しています。

　国際会議では、札（フラッグ）を立てて、議長の指名を待つことが多いのですが、その間に話題が変わってしまい、機を逸したら、当初は発言を遠慮することもありました。ところが、周囲は前後のコンテクストなどどこ吹く風です。

　最近では、私もいの一番にフラッグを立て、意見を聞くよりも投げかけることに注力しています。一挙一動で行方が変わる二国間交渉ではそうもいかないでしょうが、OECDの会議は比較的オープンに意見をぶつけ合う場であり、まずは経済界の意見を表明することが重要と考えています。

　日本語と欧米言語の違いは大きく、日本人が英語をマスターするにはかなりの努力を要します。とはいえ、日本人はそのことに甘えているようにも感じます。人となりや能力は、ある程度話す言葉によって推し量られます。それをきちんと自覚し、書くときのみならず話すときも、立場や場面に応じたレベルのボキャブラリーを使うようにしたいものです。

プロフィール

佐久間総一郎（さくま・そういちろう）

元新日鐵住金（現：日本製鉄）代表取締役副社長。1978年東京大学法学部卒業、新日本製鐵に入社。入社後4年間、工場で海外からの視察対応などOJTで英会話を学ぶ。その間イタリアの国営鉄鋼会社に3か月派遣され、英語を通じて技術協力の支援を行う。本社勤務後、ロンドンでの短期英語研修を経て、政府の要請でOECD科学技術産業局に派遣され、パリに4年間駐在。フランス語も現地で習得。現在、内閣府公益認定等委員会委員、規制改革推進会議委員、法務省法制審議会委員及び日本法令の国際発信の推進に向けた官民戦略会議委員等も務める。

ガイドライン7
強い動詞を使う
──「強い動詞」と「弱い動詞」

　プレイン・イングリッシュを使うメリットは、情報の受け手に速く、誤解なく、スムーズに情報伝達ができ、次に何をすればよいかを容易に理解してもらえることです。そのために、発信者は情報のポイントを整理し、簡潔に、明確に伝える工夫が必要です。

　ダイレクトに相手の心に訴えるために、効果的な動詞を選ぶことが重要です。動詞は、文書を組み立てるうえで方向性を示す大切な要素であり、活気ある文にするか否かを左右します。

　動詞には「強い動詞」と「弱い動詞」があります。

　これまで私たちが英語を使うときに、特に「強い動詞」と「弱い動詞」を意識したことはないと思います。一語で**簡潔に表す動詞を「強い動詞」と表現します。強い動詞**は、わかりやすく、よりダイレクトに受け手に響く点で優れています。

動詞の名詞化（隠れた動詞）は使用しない

　動詞が名詞化されている文章は、活気が失われます。それらは「隠れた動詞」と呼ばれ、名詞化してしまうことで、動詞の効果が半減してしまうばかりでなく、動詞を名詞化したことで、文の中にもう1つ動詞が必要になり、必要以上の単語を含む文になるため、簡潔さも損なわれます。特に正確さを求められる文書では、「隠れた動詞」の使用を避けます。

例を見てみましょう。

> 費用の100ドルの支払いができない場合、確定申告を行う前
> に申請書に記入してください。
> 個人ローンを申し込んでください。

この文章を英訳すると、次のようになります。

【隠れた動詞】**make the payment**、**make an application**
If you cannot **make the payment** of the $100 fee, you must **make an application** in writing before you file your tax return.
Please **make an application** for a personal loan.

【強い動詞】**pay**、**apply**
If you cannot **pay** the $100 fee, you must **apply** in writing before filing your tax return.
Please **apply** for a personal loan.

他の例も見てみましょう。

私たちはその会社の株を保有しません。
【隠れた動詞】**have ownership**
We will **have** no stock **ownership** of the company.

【強い動詞】**own**
We will not **own** the company's stock.

政府は水質汚染度の研究を行った。

【隠れた動詞】**conducted a study**

The government **conducted a study** of contamination levels in the water.

【強い動詞】**studied**

The government **studied** contamination levels in the water.

人事部のマネージャーは従業員の評価を行った。

【隠れた動詞】**conducted a review**

The HR manager **conducted a review** of employees.

【強い動詞】**reviewed**

The HR manager **reviewed** employees.

図表３－１５　隠れた動詞を強い動詞に言い換える例

隠れた動詞を使う	強い動詞を使う	訳
They came to the conclusion that...	They concluded that...	彼らは〜と結論づけた
They performed an assessment of...	They assessed...	彼らは〜と評価した
She provided assistance in...	She assisted in...	彼女は〜を支援した
The research is suggestive of...	The research suggests...	調査は〜と示唆している
This gives the indication that...	This indicates that...	これは〜を示している
This has the tendency to...	This tends to...	〜の傾向がある
He performed another test of...	He retested...	彼は再度〜の試験を行った
We made a determination...	We determined...	私たちは〜を決定した
carry out a reform...	reform...	改革する

「隠れた動詞」を「強い動詞」に言い換える例を示しましたが、これがすべてではありません。次の2点に気をつけると「隠れた動詞」を見つけやすくなります。

① もともとの動詞の語尾を名詞化するために変形させた -ment、-tion、-sion、-ance で終わる名詞
② achieve、effect、give、have、make、reach、take などの動詞と組み合わせて使用されている名詞

　また、the と of の間に使用されている名詞も、隠れた動詞である場合があります。

ガイドライン8
否定／二重否定を避ける

否定形を肯定形に変換する

　日本語では頻繁に否定形を使います。

　たとえば、日本語では「イチローを知らない人はいない」という二重否定の表現もまったく違和感はありません。しかし、この文をそのまま There is no one who doesn't know Ichiro. と否定形を使って英訳するのではなく、「みんなイチローを知っている」とまずは日本語から肯定形に変えて、Everybody knows Ichiro. と訳しましょう。肯定形の英文に変えることで、一読してすぐに理解できる文になります。単語数も3語でおさまり、シンプルで明確な表現になります。

　英語に限らず日本語でも、海外の人とコミュニケーションをとる場合は、明確にメッセージを伝えるためにも否定形は避け、肯定形を心がけましょう。

【二重否定】

There is **no one** who **doesn't wish** to date her.

彼女とデートしたくない人はいない。

【肯定文】

Everybody **wants** to date her.

みんな彼女とデートしたい。

【否定文】

He **didn't accept** to eat green peppers.

彼はピーマンを食べようとしなかった。

【肯定文】

He **refused** to eat green peppers.

彼はピーマンを食べるのを拒否した。

図表３－１６ 「否定形から肯定形へ」の書き換え例

否定形	肯定形
not honest 正直でない	dishonest 不正直な
did not remember 覚えていなかった	forgot 忘れた
did not pay any attention to 注意を払わなかった	ignored 無視した
did not remain at the meeting 会議に残らなかった	left the meeting 会議を去った
did not comply with failed to comply with 適合しなかった	violated 違反した

肯定形を使うことで印象がよくなる場合もあります。

「ここには何も置かないでください」という文を英訳するとどのようになりますか。日本語を忠実に訳すと、Don't put anything here. と否定形になります。しかし、Don't と指示されるような言葉は耳障りが悪く、不快な印象を受けます。この場合は肯定文で、Keep here clear. と3語ですっきりと表現でき、スマートな印象を与えられます。

二重否定を避ける

お互い同じ母国語で話をするときでも、二重否定よりも肯定形のほうがスムーズにコミュニケーションが図れますので、二重否定は避け、肯定形を使用しましょう。

ここで、二重否定の文となっていることに読者が気づきにくく、注意が必要な二重否定の表現を紹介します。

一般的な単語にも、否定の意味を含んでいるものが多くあります。たとえば、unless、fail to、notwithstanding、except、other than、unlawful（un-がつく単語）、disallowed（dis- がつく単語）、terminate、void、insufficientなどがあります。このような単語が「not」の後に使用される場合は二重否定のサインです。

その場合は、伝えたい意味を表現できる肯定形の単語がないか探しましょう。以下がその肯定形の代替表現です。

図表３－１７　「二重否定から肯定形へ」の書き換え例

二重否定	肯定形
no fewer than... 〜を下らない	at least 少なくとも
may not A until B B まで A することができない	may only A when B B のときのみ A することができる
is not A unless B B でない限り A ではない	is A only if B B の場合のみ A である

【二重否定】

We will appoint **no fewer than** two outside directors.

最低でも 2 名の社外取締役を任命する。

【肯定形の代替表現】

We will appoint **at least** two outside directors.

少なくとも 2 名の社外取締役を任命する。

【二重否定】

The sales target **is not** feasible **unless** consumer demand picks up.

消費者の需要が回復しなければ、売上目標は実現できない。

【肯定形の代替表現】

The sales target **is** feasible **only if** consumer demand picks up.

消費者の需要が回復すれば売上目標を実現できる。

　「その方法であれば、対応できないこともありません」

　「その方法であれば、対応できます」

　この 2 つの表現では、どちらのほうが明確でわかりやすいでしょうか。

ビジネスで使用する文章は正確さ、簡潔さが大切です。

　二重否定の表現は読み手が誤解する可能性もあるので、意味を正しく伝えるためにも肯定形を使いましょう。

ガイドライン9
主語・動詞・目的語は近づける

　英語のネイティブスピーカーにとって自然な語順は、主語（S）＋動詞（V）＋目的語（O）です。日本語の「誰が／何が（S）、何を（O）、どうする（V）」という内容の文です。

　文のS、V、Oの間に修飾語や長いフレーズが入ると思考が分断され読みづらくなります。そのような場合は修飾部分を別の文として作成するか、思い切って削除します。

　情報を整理してプレインに書くことにより、読者の理解が深まり、浸透させたいことを多くの人に伝える手助けになります。

　繰り返しになりますが、英文の自然な構成で主語（S）、動詞（V）、目的語（O）の順を意識し、その間に修飾語や長いフレーズ、節などを不必要に入れないよう心がけます。

　短くシンプルな文にすることで明確な文になり、情報を誤解なく伝えることができます。とはいえ、短い文にすればするほど、ストレートな表現になるため、私たち日本人はそうしたダイレクトな文章に慣れるまで違和感があるかもしれませんが、業務効率は高まり、お互いの理解も深まります。

以下は、主語、動詞、目的語を近づけることで読みやすさが増す例です。

I went out, even though it was raining that morning, **for a walk with my dog**.
私は、その日の朝は雨だったにもかかわらず、犬の散歩に行った。

I took my dog for a walk, even though it was raining that morning.
私は犬の散歩に行った。その日の朝は雨だったにもかかわらず。

My mother, even though she was tired, **prepared a delicious dinner for me**.
母は疲れていたが、私に美味しい夕食をつくってくれた。

My mother prepared a delicious dinner for me, even though she was tired.
母は私に美味しい夕食をつくってくれた。疲れていたにもかかわらず。

Our revenue, to a great extent influenced by the strengthening of the yen and the dour global economic outlook, **trended** downward over the last nine months.
当社の収益は、円高と世界経済の見通しの悪化の影響を大きく受けて、過去9か月間は減少傾向が見られた。

Our revenue trended downward over the last nine months as the strengthening of the yen and a dour global economic outlook took hold.
当社の収益は減少傾向が見られた —— 過去9か月間にわたって —— 円高
　と世界経済の見通しの悪化によるため。

ガイドライン10
読みやすいデザインにする

　1文1文が簡潔に書かれていても、情報が散乱し、文字がぎっしり詰まっている文書は、読み手にネガティブな印象を与えます。

　また、文字がぎっしりと詰まった文書を見ると、読み手は億劫さから「後で読もう」と、後回しにしてしまいます。

　情報を効果的に伝えるためには、文書の構造やデザインは非常に大切です。見た目がよい文書は理解するのも簡単です。

　ここでは読みやすい文構造とデザインの工夫についてお話しします。

　重要なポイントを強調し、大切な情報を読み手にしっかり届けることを心がけましょう。

　以下は、文書を読みやすくするためのアメリカ政府で使われている簡単な指針です。

・印刷物1ページあたり、5〜6つのセクションに分ける
・リストや表を活用する
・リストの中にさらにリストを使用しない
・テキストはできる限り左寄せとして、両端揃えは使用しない

　ページレイアウトについてくわしくお知りになりたい方は、次を参照してください。

・アメリカ英語　シカゴルール / シカゴマニュアル
　http://www.chicagomanualofstyle.org/home.html
・イギリス英語　オックスフォードルール
・書籍 *The Oxford Guide to Style* を参照してください。

　忙しい読者の関心を引くように見出しをつけたり、複雑な内容は箇条書きにしたり表にしたりすることで読みやすさが増します。

　文やセクションを短くすることで、主要なポイントを視覚的に見やすくしたり、関連する項目をまとめたりすることで、読みやすさを高めることができます。

　政府規制に関する文書などでは、読みやすくすればするほど、市民（読者）は規制に、したがうようになります。

セクションは短くする

　文章の基本構造は章（Chapter）、セクション／節（Section）、サブセクション／小節（Subsection）、段落（Paragraph）という4構造からなります。用途に応じて必ずしもすべての構造をもつ必要はありません。

　相手に大切な情報を端的に伝えるためには、文章のセクションを分けて書き、理解しやすくします。文字が詰まった長いセクションは、読む気が失せますし、内容が難しい印象を与えます。

　セクションを短くすることを心がけることで、文章を作成する側にとっても、情報を整理しやすく、情報を伝える見出しもつくりやすくなります。さらに、強調された見出しは目に入りやすく、忙しい読者にとって見出しのみの拾い読みにも役立ち、手引きにもなります。

図表３−１８　セクションを短くすると読みやすくなる

＜セクションが長い例＞

＜セクションが短く読みやすい例＞

段落は短く収める

　長い段落は、内容を理解しにくく、短い段落のほうが読むのにも理解するのにも簡単です。ライティングの専門家は、一段落あたり3〜8文、150ワード以内に抑えることを推奨しています。250ワードより長い段落は避けましょう。1文のみの段落があってもまったく問題ありません。

　段落の長さにバラエティをもたせることで、より面白味のある文書にすることができます。文の長さもそうですが、段落の長さをすべて同じにしようとすると、ぎこちなくなります。

　短い段落を使用することで、スペースがあき、より余白の多いページを作成することができます。その結果、読者にとって読みやすくなり、読む気が増します。

段落のトピックは1つにとどめる

　段落のトピックを1つにすることで、読み手は情報を理解しやすくなります。各段落は、段落のポイントを簡潔にまとめたトピックセンテンス、すなわちその段落の主張を1文でまとめたものから始めます。

規制やルールなどは if-then を活用し情報整理

　政府の規制などの説明でよく目にするのが if-then を使った表です。

　if-then の表では、状況（if：〜の場合／〜なら）と結論（then：〜となります／〜する）の組み合わせを表します。図表3−9では、「if-then」の表に内容が整理されており、情報が詰まった文章よりも断然にわかりやすくなっています。また見た目もすっきりして、読みやすくなります。

効果的な見出しを使い、読者の関心を引く

欧米のビジネス文章では、よく工夫された見出しを目にします。工夫された見出しは読者の関心を引くのに非常に有効です。たかが見出しと思わず、皆さんもぜひ読者の目を引く見出しを工夫してください。

効果的に見出しを活用することで、読み手は自分が取り組むべきことを素早く理解し、次のアクションをとることができます。

見出しには次の3種類があります。

①疑問型

相手の興味を引くのに最も効果的な見出しです。読み手の興味を理解していないと書けません。相手の興味や疑問に対し、その解を導くような質問を見出しとして使用することで、読者は素早く反応します。さらに質疑応答の形式を使用すれば、見出しをざっと追うだけで、必要な情報を得ることができます。

②情報概略型（名詞と動詞を使う）

本文に書かれている具体的な内容を知ることができます。

③トピックス型

日本で最もよく目にする見出しです。トピックス型見出しを見慣れている私たちは、特に疑問を感じませんが、英語に訳したときには、見出しとしてあまり役に立っておらず、読者は本文から情報を探す必要が生じます。たとえば、Topics（トピックス）、Overview（概況）という見出しが、それにあたります。

効果が高い見出しは、①疑問型であり、その次に②情報概略型、③トピックス型と続きます。

図表3-19　見出しの種類は3つ

見出しの種類		見出しの例
①疑問型	相手の興味に応じた疑問を投げかける見出し	Why Plain English? なぜ、Plain English なのか？
②情報概略型	名詞と動詞を使った、概略説明の見出し	Nasdaq Closes Above 9000 ナスダック指数 9000 超え
③トピックス型	単語または短いフレーズの見出し（変化のないお決まりの定例的文）	Proceedings 議事録 Announcement お知らせ

図表3-20　3種類の見出しを比較する

見出しの種類	① 疑問型	② 情報概略型	③ トピックス型
例1	Why do we use headings? なぜ見出しを使う必要があるのでしょうか？	Add useful headings 役立つ見出しをつける	Headings 見出し
例2	What should I do if I forget my password? パスワードを忘れたらどうしたらよいですか？	Getting a new password 新しいパスワードの取得	Password パスワード

見出しを読むだけで情報の概要がつかめ、拾い読みができるような情報提供の工夫をすることで、忙しい読者がスピーディーに情報にたどりつけ、アクセシビリティーが高まるために、あなたの情報を読み進めてくれる可能性が高まります。

　また、各セクションごとに大見出し、小見出しをつけ、しっかり情報が概説されている文書は、コンテンツが論理的にセグメント分けされるため、読みやすくなります。

　図表3−21は英語でのビジネスライティングのコツについて記載した文章の一部です。この例では、「Why is writing eloquently not impressive?（言葉巧みな表現がビジネスで不要な理由とは？）（※意訳）」「Follow my 12 steps（12のステップにしたがいましょう）」と小見出しにあげられています。

　いずれも見出しが内容を表しているため、時間がない人は自分の興味のある部分だけを拾い読みすることができます。

The 2 C's of Business English

Why is writing eloquently not impressive?

I am a native English speaker who has been writing business English for 40 years. Over that time, I have learned that writing clearly and concisely helps me convey my message as efficiently as possible.

I am an accountant who frequently writes to clients and to the Canadian tax authority ("CRA") about various accounting and tax matters. Of course, it is important that my clients understand what I am saying, but more so, it is important that the CRA quickly understands the message that I wish to convey on behalf of my clients. I have been told that my writing is very easy to understand and I feel that I am successful in expressing my ideas, concerns and comments to clients and CRA.

I am not an author and I do not write for pleasure or for personal gratification. I write to accomplish a specific task. Business English is very different from English literature or prose. Business English is not meant to entertain, is not eloquent and is not "flowery".

Sometimes inexperienced or insecure writers use long, convoluted sentences to try to impress the reader. They wish to try to show that they studied English literature and are "good" writers. But such convoluted writing actually shows that the writer does not understand good Business English.

Follow my 12 steps

To minimize misunderstandings and confusion and avoid wasting time, I have the following philosophies:

1. Sentences should be short and clear.
2. Use as few words as possible to convey the important idea(s). Readers lose interest and focus if the article or memo or letter is too long.
3. Use the simple "Subject / Verb / Object" format.
4. Avoid "run-on" sentences. It is easier to understand if sentences are broken up into separate thoughts and ideas.
5. Whenever possible, use point form. It is much easier for the eye to catch important issues in point form than in sentence form.
6. Ideas should be stated once and not repeated. Every sentence is important. Repeating sentences diminishes the importance of all other sentences.
7. If a sentence is not important, it should not be included.
8. Clearly identify the parties by using the person's name or company name, rather than "he", "she", or "they".
9. Read and re-read your draft two or three times, trying to improve the wording each time.
10. If the topic is sensitive or controversial, wait a day, and re-read before you send it.
11. Always use "spellcheck" and "grammar check" in your word processing software.
12. Whenever possible, have someone else read your draft before you send it.

見出しの長さに注意する

　見出しが長すぎると、伝えたい内容が複雑であるかのような印象になります。また、「はい」「いいえ」で答えられる質問を見出しにするのは避けます。基本的に、見出しは本文より短くします。

フォントは英語フォントを使用する

　英語の文章に日本語のフォントが使用されているのをよく目にしますが、それは厳禁です。必ず英語フォントを使用しましょう。

　たかがフォントと思われがちですが、英語に限らず、日本語なら日本語フォント、中国語なら中国語フォントとそれぞれの言語を読みやすくするための工夫がされているため、フォントの設定はとても重要です。

　欧文フォントは大きく分けて、セリフ（英：Serif）系とサンセリフ（英：Sans-Serif）系があります。

図表３−２２　セリフ系とサンセリフ系の比較

セリフ系	サンセリフ系
T	**T**
セリフ とは 丸で囲んだ部分が「セリフ」（日本語でヒゲとも呼びます）です。 日本語フォントの「明朝体」にあたります。	**サンセリフ** とは サンセリフには「セリフ」がありません。 日本語フォントの「ゴシック体」にあたります。

セリフ系フォントにはCenturyやTimes New Romanなどがあり、報告書や会社案内など長文に向いています。ひげのような端にある小さな飾りが横への視線の動きを誘導しやすく、線の強弱が心地よいコントラストとなり、疲れなく読み続けることができます。

　サンセリフ系は代表的なものに、エイリアル（Arial）、ヘルベチカ（Helvetica）などがあります。視認性（しにんせい）が高く、認識しやすいので、見出しや標識などに使われます。

図表３−２３　長文向きのセリフ系、見出し向きのサンセリフ系

サンセリフ系

3.16 Use different fonts for text, headings, and other sections

What a good writer tries to do, always, is *reinforce distinctions*. For example, supplying headings is a good thing, but if the headings are in the same font and size as the rest of the text, and if they are crammed down onto the following text, then they don't *look* like headings – and thus they don't behave as useful headings should.

In this handbook, all of the headings are in Arial, while the text is in Times New Roman. It helps that the headings are in bigger pitch than the text, and it helps that they "float" on the page, but *to reinforce the distinction*, I've also put them in a different font. All of these decisions help them stand out in the right way.

Similarly, if I want you to be able to easily distinguish the examples from the instruction, then I format the examples differently (in this case, by indenting them a bit further) – but I also put them in a different font, simply to reinforce the distinction.

セリフ系

重要なコンセプトを強調するには

　文書中の大切なコンセプトに読者の気をとめてもらうために、その箇所を太字や斜体（欧文）にし、目立たせることは有効です。ただし、日本語や中国語のようなダブルバイト文字の場合、斜体は読みにくいため基本的には使用しません。

　すべての文字を大文字にして書くことを all caps と言います。センテンスが長い場合、センテンス内のすべてのテキストを大文字で表記するのは、有効な方法ではありません。かえって読みにくくなります。また、オンライン上で all caps を使うと、叫んでいるような印象を与えます。

【大文字で読みにくい】
YOU SHOULD WEAR YOUR SEAT BELTS AT ALL TIMES.

【太字を使う】
You should wear your seat belts at all times.

　読み手の注意を引くために下線を利用することもできますが、読みやすさは失われます。特にオンライン上では下線があると、リンクであると誤解される可能性があります。

　重要事項には太字または斜体を使用することをお勧めします。

表やイラストを使用する

　文字がぎっしりと詰まった文章より、関連性のあるイラストや表で示すほうが読者の理解を高めるのに効果的です。

　次の例はアメリカ運輸省の車の安全性に関する文書とそれを図で示したものです。

図表3−24　複雑な内容は表やイラストを利用する

【改善前】

This is a <u>multipurpose passenger vehicle</u> which will handle and maneuver differently from an ordinary passenger car, in driving conditions which may occur on streets and highways and off road. As with other vehicles of this type, if you make sharp turns or abrupt maneuvers, the vehicle may roll over or may go out of control and crash. You should read driving guidelines and instructions in the Owner's Manual, and <u>WEAR YOUR SEAT BELTS AT ALL TIMES</u>.

（訳）この車は多目的乗用車（MPV）ですので、一般道路や高速道路、あるいはオフロード（未舗装の道）での運転においては、通常の乗用車とは異なる方法での操作が求められます。同様のタイプの乗用車と同様、急ハンドルを切ったり、荒い操作を行うと、横転する恐れや制御不能になり故障する可能性があります。オーナーマニュアルにあるガイドラインおよび指示を読み、シートベルトは常に着用してください。

【改善後】

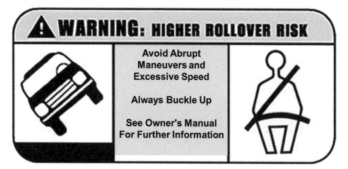

（訳）　　　　　　　警告：横転リスク高し
急ハンドル、オーバースピードを避ける
シートベルトは常時着用のこと
詳細はオーナーマニュアルを参照

図を使うことで内容が一目瞭然で理解してもらえます。

　下線をつけた multipurpose passenger vehicle「多目的乗用車」という言葉は知っている人もいれば、そうでない人もいます。この図では、そうした言葉は使われていません。「WARNING」（警告）という文字が大きく書かれ、その横には「横転リスク高し」と書かれています。車が斜めに描かれているのでさらにわかりやすくなっています。

　「急ハンドル、オーバースピードを避ける」「シートベルトは常時着用のこと」「詳細はオーナーマニュアルを参照」と簡潔に短い文章で注意事項をまとめています。

第4章

プレイン・イングリッシュで話す

プレイン・イングリッシュで
会話する

　書き言葉と同様に会話でも、回りくどい表現や曖昧な表現、複雑な言葉を使うことで誤解や混乱が生じやすくなります。会話の際にもプレイン・イングリッシュのガイドラインに沿って話をするほうが、スムーズにコミュニケーションが図れます。

使う単語を少なめにしてポイントを先頭に

　「重要な情報は文書の先頭に置く」というガイドラインは会話においても変わりません。話の背景などから話し始めると、いったい何について話すのだろうかと相手が気をもみ、集中力が途切れてしまう可能性があります。ポイントを最初に伝えることで、聞く側もその内容を理解するための心構えができます。

【冗長な言い方】

I regret to inform you that I can't attend the party.

残念なことをお伝えしなくてはいけないのですが、私はパーティに参加できません。

【簡潔な言い方】

Sorry, I can't go to the party.

ごめんなさい、パーティに行けません。

能動態を使う

　能動態を使うほうが語数も少なく、わかりやすく表現できます。

【受動態】

My mother is visited by me twice a week.

私のお母さんは週に2回、私の訪問を受けます。

【能動態】

I visit my mother twice a week.

私は週に2回、お母さんに会いに行きます。

「20世紀最高の経営者」のインタビュー

　会話に限らず、インタビューなどでも、プレイン・イングリッシュが広く使われています。決して、幼稚という印象を与えることはありません。

　「20世紀最高の経営者」にも選ばれたゼネラル・エレクトリック（GE）の元最高経営責任者ジャック・ウェルチ氏のインタビュー「成功のための戦略」の例を紹介します。「なぜ大成功する人が少ないか?」という冒頭の質問の中で戦略について次のように意見を述べています。

図表4－1　ジャック・ウェルチ氏のインタビュー

Well, I think well, first of all, I'm not sure that I agree with that, but I never think of strategy is one thing. I think strategy, execution and people all go together and if you don't get the people right, the strategy doesn't matter. And if you don't get the people right, you won't get the execution. So you're dead. So for my standpoint, strategy's sort of a purist thing. It's more academic. Execution and getting it done is what it's all about. But without question, the whole idea of winning and driving home what you're going to do and what you're not going to do is, Volvo decided before all of that they weren't going to be in cars. And their focus now on buses and trucks and excavators. They can excel in that and they were in a bad game in cars. But takes a courageous management to get out of the car business. Takes a lot of guts.

（出所）https://www.youtube.com/watch?v=xsEtVQCHYpE

　そうですね。まず、その意見に同意するかは別として、私は戦略を単独で考えることはしません。戦略、実行、人材をすべてあわせて考えます。人材が適切でなければ、どのような戦略を立てるかという以前の問題です。また、人材が適切でないということは、実行できないということなので、終わったも同然です。私が考えるに、戦略というのは主義というか、アカデミックなものです。重要なのは、実行すること、つまり戦略を実際に行う、ということです。「成功する」とはどういうことか、何をして、何をしないのか。たとえば、ボルボは乗用車部門から撤退するという決断を下しました。現在はバスやトラック、掘削機などに絞っています。これらの分野では一流になれても、乗用車部門ではうまくいかないと判断し、そう決断したのです。しかしこの部門から撤退するというのは、マネジメントにとって勇気ある決断であり、相当の決断力が必要です。

訳注：ボルボの乗用車部門（VOLVO CARS）は、1999年にフォードのPAG（プレミア オートモーティブ グループ）に買収され、ボルボ本体からは分離されました。ボルボは他国の商用車メーカーを買収し、トラックやバス、建設機械など商用車に特化した世界戦略を行っています。現在、ボルボの乗用車部門はフォードから浙江吉利控股集団（ジーリー ホールディング グループ）傘下に移っています。

　execution など難しい単語は若干あるものの、1つひとつの単語はほとんどなじみのあるものです。また1文あたりの平均ワード数は13ワードととても簡潔です。

　否定形は必要最小限ですし、受動態を使った表現はありません。加えて、「人材が適切」という文の「適切」はロマンス系の言葉 appropriate を使いがちですが、サクソン系の言葉である right を使っています。平易な表現で、このようなビジネスの内容を表現できるウェルチ氏は高いコミュニケーション能力を有していたことがわかります。

They can excel in that and they were in a bad game in cars.

　上のフレーズも仰々しい言葉を使わずに日常的な言葉で状況を比較しています。

　図表4－1のウェルチ氏のインタビューの読みやすさのスコアは、FRE スコア78点（やや読みやすいレベル）、FKG のレベルでは6（アメリカの小学5～6年生レベル）です。小学校高学年でも理解できる、平易なレベルです。

サンデル、ジョブズに学ぶ
スピーチとプレゼンの極意

学校でスピーチとプレゼンの技術を学ぶアメリカ人

　日本では、幼少の子供に対して、自分の意見や考えを述べる機会はごくまれです。また本格的にスピーチやプレゼンテーションのテクニックを学ぶ授業もないまま、社会人になります。

　逆にアメリカでは、子供の頃から自分の意見をもち、学校の授業でも自由に述べる機会があります。中学からはグループディスカッションで自分の意見を述べてグループワークに貢献しなければなりません。高校からはスピーチ力を高める授業があり、さらに大学ではビジネスコミュニケーションの講義でプレゼンテーションのテクニックを学ぶそうです。

　皆さんの中には、アメリカ人はスピーチやプレゼンが日本人よりうまいという印象をもっている方もいるでしょう。それは訓練を受けているからです。訓練を受け、人前で自分の意見を述べたり、発表する機会が増えていけば、日本人のスピーチ力もプレゼン力も上がっていくはずです。

スピーチ、プレゼン向きの言葉
「プレイン・イングリッシュ」

アメリカの高校のスピーチの授業で、不特定多数の聴衆に向けてスピーチする際には、聴衆に効果的に理解させるために、声や表情、態度、スライドのつくり方はもちろんのこと、単語の使い方や文章のつくり方まで学ぶそうです。例えば、次のようなことです。

① 難しい専門用語ではなく一般的に使う言葉を選ぶこと
② S+V+O で簡潔に短い文章で伝えること
③ 最初にポイントを述べ、最後にポイントを繰り返すこと

こうした訴求のテクニックが教授されます。プレイン・イングリッシュにも共通するものがあります。

プレイン・イングリッシュは文章を書くためだけでなく、スピーチやプレゼンにも適しています。

マイケル・サンデル教授の TEDGlobal 2013

　ハーバード白熱教室のマイケル・サンデル教授の TEDGlobal 2013 を以下に紹介します。「なぜ市場に市民生活を託すべきではないのか」（抜粋）についてのオープニング部分を見てみましょう。

図表4－2　マイケル・サンデル教授のスピーチ

Here's a question we need to rethink together: What should be the role of money and markets in our societies?

Today, there are very few things that money can't buy. If you're sentenced to a jail term in Santa Barbara, California, you should know that if you don't like the standard accommodations, you can buy a prison cell upgrade. It's true. For how much, do you think? What would you guess? Five hundred dollars? It's not the Ritz-Carlton. It's a jail! Eighty-two dollars a night.

If you go to an amusement park and don't want to stand in the long lines for the popular rides, there is now a solution. In many theme parks, you can pay extra to jump to the head of the line. They call them Fast Track or VIP tickets.

And this isn't only happening in amusement parks. In Washington, D.C., long lines, queues sometimes form for important Congressional hearings. Now some people don't like to wait in long queues, maybe overnight, even in the rain. So now, for lobbyists and others who are very keen to attend these hearings but don't like to wait, there are companies, line-standing companies, and you can go to them. You can pay them a certain amount of money, they hire homeless people and others who need a job to stand waiting in the line for as long as it takes, and the lobbyist, just before the hearing begins, can take his or her place at the head of the line and a seat in the front of the room.

サンデル教授の話の導入部分の問いかけが興味深く、聞く者の心を引きつけます。ウェルチ氏と同様に難しい単語はほとんど使われていません。中学生が理解できるレベルの単語を使っています。1 文あたりの平均ワード数も 15 ワードと短い文章となっており、息継ぎができる長さとなっています。

　皆さんと一緒に改めて考えてみたい問題があります。私たちの社会の中でお金と市場の役割はどうあるべきでしょうか。

　現在お金で買えないものはほとんどありません。仮に懲役刑を言い渡され、カリフォルニア州のサンタバーバラで服役したとします。普通の監房が気に入らなければお金を出して部屋をアップグレードできることを知っていますか。これは本当の話です。それは、いったい、いくらくらいだと思いますか？　500 ドル？　高級ホテルじゃなくて刑務所ですよ！　1 泊で 82 ドルです。

　もしテーマパークに行って人気のアトラクションで長い列に並びたくなければいい方法があります。多くのテーマパークでは追加料金を払うと列の先頭に行けるのです。ファスト・トラックとか VIP チケットと言います。

　この仕組みはテーマパークだけではありません。首都ワシントンでも議会の重要な公聴会では長蛇の列になることがあります。でも並びたくない人もいます。徹夜になるかもしれないし、雨が降ることもありますから。だからロビイストや公聴会にぜひ参加したいけれど並びたくない人向けに業者がいるのです。行列代行会社です。これを利用してはどうでしょう。いくらかを支払えばその会社がホームレスや仕事がほしい人たちを雇い、何時間だろうと列に並ばせます。そして公聴会が始まる直前にロビイストが列の先頭にいるその人と入れ代わって会場の前列に陣取ります。

　市場原理に則り、実社会におけるニーズや問題を解決する考え方

It's happening, the recourse to market mechanisms and market thinking and market solutions, in bigger arenas. Take the way we fight our wars. Did you know that, in Iraq and Afghanistan, there were more private military contractors on the ground than there were U.S. military troops? Now this isn't because we had a public debate about whether we wanted to outsource war to private companies, but this is what has happened.

Over the past three decades, we have lived through a quiet revolution. We've drifted almost without realizing it from having a market economy to becoming market societies. The difference is this: A market economy is a tool, a valuable and effective tool, for organizing productive activity, but a market society is a place where almost everything is up for sale. It's a way of life, in which market thinking and market values begin to dominate every aspect of life: personal relations, family life, health, education, politics, law, civic life.

(出所) TEDGlobal 2013

https://www.ted.com/talks/michael_sandel_why_we_shouldn_t_trust_markets_with_our_civic_life/transcript#t-346151

や方法が広がりつつあります。例えば戦争を例にとってみると、イラクやアフガニスタンではアメリカ陸軍の兵士より民間軍事会社の兵士が多く配備されていたことをご存知ですか？　戦争を私企業に外注するかどうかを公に議論したわけではありません。でもそれが実態でした。

　過去30年間にわたり、私たちの暮らしの中で変革が起こりました。私たちが気づかないうちに市場経済原理に則った思考が市場社会に静かに根づきつつあります。市場経済と市場社会には大きな違いがあります。市場経済は生産活動を組織する上で、重要で有効な術です。一方、市場社会では、あらゆるものに値段がつけられ取引されます。つまり、市場的な考え方や価値観が生活のあらゆる側面を支配し、人間関係や家庭生活、健康や教育、政治や法律、市民生活に浸透し始めたのです。

　上の文の読みやすさのFREスコアは70点（プレイン・イングリッシュ）、FKGレベルは7.0（アメリカの中学1年生レベル）で、やはり中学生が理解できるレベルです。

　ただし、ウェルチ氏と同様に深みのある内容であるため、聞き手もそれなりの思慮深さが求められる内容です。

人々を魅了するジョブズ氏のプレゼン

　アメリカを代表する起業家のひとりで、人々を魅了してやまないスティーブ・ジョブズ氏の初代 iPhone の製品発表プレゼンの抜粋を紹介します。

図表４－３　スティーブ・ジョブズ氏による初代 iPhone の製品発表プレゼン

This is the day I've been looking forward to for two and a half years.
（スライドにはアップルのロゴマークが表示されている）

Every once in a while, a revolutionary product comes along that changes everything and Apple has been — well, first of all, one's very fortunate if you get to work on just one of these in your career. Apple has been very fortunate. It's been able to introduce a few of these into the world.
1984, we introduced the Macintosh. It didn't just change Apple. It changed the whole computer industry.
（Macintosh のスライドが表示されている）

In 2001, we introduced the first iPod. And it didn't just change the way we all listen to music, it changed the entire music industry.
（iPod のスライドが表示されている）

Well, today we're introducing three revolutionary products of this class.
The first one is a widescreen iPod with touch controls.
The second is a revolutionary mobile phone.
And the third is a breakthrough Internet communications device.
（アップルのロゴの後に、順にこれら 3 製品のアイコンのスライドが表示されている）

So, three things: a widescreen iPod with touch controls; a

アップルの製品がそうであるように、彼のプレゼンも一貫して「シンプル・イズ・ベスト」を貫き、とても明瞭です。削れる限り一切の不要な要素を削っており、彼のプレゼンでは、非常に「簡潔」「具体的」そして誰にでも「わかりやすい」言葉が使われています。

　2年半の間、この日がくるのを待ち望んでいました。
（スライドにはアップルのロゴマークが表示されている）

　数年に一度、革新的な製品が現れ、すべてを変えてしまいます。それを一度でも成し遂げられれば幸運なことですが、アップルは、幾度かの機会に恵まれました。

　1984年、「Macintosh」を発表し、コンピュータ業界全体を変えました。
（Macintoshのスライドが表示されている）

　2001年、初代「iPod」を発表し、音楽の聴き方を変えただけではなく、音楽業界全体を変えてしまいました。
（iPodのスライドが表示されている）

　そして今日、このような革命的な新製品を3つ発表します。
　1つ目は、ワイドスクリーンでタッチコントロール付きのiPod。
　2つ目は、革命的な携帯電話。
　そして3つ目が、画期的なインターネット通信デバイスです。
（アップルのロゴの後に、順にこれら3製品のアイコンのスライドが表示されている）

　そう、3つです。タッチコントロール付きのワイドスクリーンiPod、革命的な携帯電話、そして画期的なインターネット通信デバイス。ワイドスクリーンiPod、革命的な電話、そしてインターネット通信デバイス。iPod、電話……おわかりですか。これらは3つの

　彼はプレゼンの天才と称され、彼のプレゼン後には世界のアップルストアに行列ができる、とまで言われていました。彼は予想もつかない"意外性"や"驚き"を演出するのに非常に長けていました。そうした展開に聴衆は激しく感情を揺さぶられ、深く記憶に刻まれるのでした。

　「このような革命的な新製品を3つ発表します」と言ってから、最後に「3つの別々のデバイスではなく、1つのデバイスなのです」と、意外性や驚きを与えることで、聴衆の脳裏に強い印象を植えつけます。

　プレゼンする際の軸として3点取り上げるのが望ましいと言われています。まさにこのプレゼンで使われている The first one is...、The second is...、And the third is...の表現は活用できるでしょう。

　スライドはとてもシンプルです。たとえば、スライド中央に1つのイメージ（画像もしくは写真）、もしくはiPhoneのような1つの短いキー・メッセージだけです。

　グラフもあり、表もあり、図も入って、テキストは7ポイントサイズの小さな文字がびっしり詰まっている日本でよく目にするスライドとは、まったく別物です。

　1文あたりの平均ワード数は11.8ワードです。英語の読みやすさでは、FREスコアが68（プレイン・イングリッシュ）、FKGレベルは7.0（アメリカの中学1年生レベル）で、やはり中学生が理解できるレベルです。

別々のデバイスではなく、1つのデバイスなのです。

名前は「iPhone」。本日アップルが電話を再定義します。それがこの iPhone です。

（3製品のアイコンの後に iPhone の文字がスライド表示されている）

　興味のある方は YouTube で「スティーブ・ジョブズ　歴史的プレゼン　iPhone」と検索すれば、誰でも視聴することができます。

　1センテンスも一息で話せる長さで短く、平易な言葉を使い、プレイン・イングリッシュでプレゼンされていることがご理解いただけます。

　ぜひこのプレゼンを視聴いただき、プレインな英語、シンプルなスライドに加え、"意外性"を体感いただければと思います。

日本語特有のクセから脱却すれば、英語でのコミュニケーションが円滑に

COLUMN **9**

野田 哲也
株式会社フジクラ
総合開発営業部 事業開発グループ長

関係代名詞と否定表現が会話の足かせに

最近は日本の英語教育も変わりつつあるようですが、文法や作文を重視した「受験英語」で育った私たち世代は、会話でも関係代名詞を多用するクセがあります。そのため文章は長くなる、長くなるので、お客様と会話をしながら、言いたいことを頭の中で素早くまとめられない、それでテンポのよいやりとりができないなど、アメリカ勤務の1年目は苦戦を強いられました。私の場合は汗をかきかき覚えた感が強かったです。

もう1つ、私の英語コミュニケーションの足かせとなっていたのが、日本語の「否定」表現です。日本語に引きずられて、つい「I think that it is not...」と言ってしまいがちですが、英語では使われていないようです。さらに、日本語には「ないとは思わない」という二重否定があって、そのまま訳すと、海外の方には違和感があるようです。そのことに気づいて、日本語流の否定表現を一切使わないようにした途端に、スムーズに英語が出てくるようになりました。

アメリカ駐在から帰国後、海外 IR の担当となった頃にプレイン・イングリッシュを知りました。関係代名詞を極力使わないように意識してみたところ、言い直しをすることはあっても文章が短くなり、相手とのやりとりに集中できるようになりました。

「英語が仕事の幅を広げてくれる」

　営業活動でヨーロッパを訪れて印象的だったのは、どの国のお客様やグループ会社の同僚も、かなり流暢に英語を話すことでした。ヨーロッパでは国ごとに言語が異なるため、英語が「共通語」として定着しているとのことでした。お客様と会うときは「1回以上笑わせる」のが私のビジネススタイル。駐在したての頃は無理でしたが、慣れるにしたがって少しずつできるようになりました。英語でのコミュニケーションにも余裕がもてるようになり、最近は英語でも何とか相手の笑いをとれるまでになりました。自分らしさを出せると、相手もそれに反応してくれますし、自然とコミュニケーションが深まるものです。こうした、日本ではなかなか得られない経験は、実に刺激的で、仕事の幅も広がると実感しています。

　海外出張や電話会議等で日常的に英語に触れているとはいえ、アメリカを離れて10年が経ち、英語力がサビついてしまうことが気がかりでした。それだけに、先日アメリカ駐在時代の同僚（ネイティブ）とSkypeで話したときに、お世辞もあるかとは思いますが、「むしろ前よりうまくなっている」と言ってもらえたのは嬉しい驚きでした。日本にいながらにして英語力をアップさせられたのは、プレイン・イングリッシュの影響も大きいと思います。

> **プロフィール**
>
> 野田哲也（のだ・てつや）
>
> 1985年フジクラに入社、佐倉工場の工程管理を経て、タイの工場の生産管理を担当。1992年から営業部で国内営業を担当。2004年から2009年までFujikura America, Inc.に出向し、アメリカ国内の販売促進を図る。帰国後、2011年からコーポレート企画室でIR・広報業務を担当（英語・日本語の両方）。2014年から総合開発営業部で国内外における新製品の販売に従事し、国内外の顧客やパートナーとの交渉などに携わっている。

第5章

日本語をプレインにすれば
英語はプレインになる

あなたの英語は
なぜ伝わらないのか？
―― なぜ英語が途中で詰まり、思考が止まるのか

習得への近道は簡潔な日本語

　日本語をそのまま英語にしようとすると詰まってしまい、途中であきらめてしまうという経験はありませんか。内容が込み入って複雑であればなおさらお手上げです。

　これまでプレイン・イングリッシュの効果についてお話しし、第3章ではプレイン・イングリッシュの主なガイドラインをご紹介しました。

　ガイドラインを理解いただくと、プレイン・イングリッシュを書くには、まず日本語自体を明確で簡潔な文章に置き換えることが、その近道であることに気づいていただけたと思います。

　第2章でも触れた通り、プレイン・イングリッシュを使うために、ハイ・コンテクスト（理由や経緯に重きを置く）な日本語をロー・コンテクスト（言葉に重きを置く）な英語にするために、いったん頭で整理する必要があります。簡潔な日本語で考え、話の核となるポイントが何かをとらえます。ポイントが文章の中に埋もれてしまわないように、文の大意に影響しない修飾語をそぎ落とします。

　日本語と英語では文法や表現法の背景となる文化は異なりますが、コミュニケーションを円滑にするための基本概念は大きく異なりません。日本語を明確で簡潔にし、そこから英語に直しましょう。次の7つを気にかけてください。

① 結論から述べる

② 主体（主語）を明確にする

③ 短い文章を心がける

④ 婉曲的、冗長的表現を避ける

⑤ 日常的に使用する言葉を用いる

⑥ 二重否定を避ける

⑦ 受動態を能動態に変える

　繰り返しになりますが、もとの日本語が婉曲的かつ冗長だと、英語に限らずそれ以外の言語でも同様に、冗長でわかりにくい翻訳文になります。

　日本語では理由や経緯から始まりますが、英語ではまずポイントと結論から述べます。あらためて核となるポイントが何かを確認しましょう。相手に何かしらの判断を促すビジネス文書や報告書は正確な情報を簡潔に、結論から述べ、相手の貴重な時間に配慮します。

　省略されている主語や目的語があれば補います。

長い文を短い文へ

　短い文をつくるためにはその言葉が本当に必要でない限り、思い切って削ります。冗長な文章にならないよう、不必要な情報は削ってください。長い修飾語を削って、簡潔な文章にする例を次に示します。

【もとの長い文】

　ABC 社は、近年まれにみる大変厳しいビジネス環境下において、多くの社員やパートナー様と一丸となって V 字回復を成し遂げることに成功した。

【短く削った文】

　私たち（We）は、厳しいビジネス環境下で、Ｖ字回復に成功した。

　「こんなにあっさりした文にしたら気持ちが伝わらないのでは？」と思われるかもしれませんが、苦労したプロセスを延々と示すより、結論を明確にすることを優先します。

　つけ加えるならば、「それは簡単な道のりではなかった」くらいにします。

　あうんの呼吸で交わされる「例の件大丈夫？」「はい、うまくいくよう進めてます」というような主語、動詞、目的語が省略されている場合はそれを補い、英語にします。省略されているものを補うと、日本語が英語に翻訳しやすくなり、英語にしたときに、主語（Ｓ）、動詞（Ｖ）、目的語（Ｏ）が近づくため、わかりやすい英文になります。

　また、「１文に１要旨」を徹底し、簡潔な文を心がけます。いくつかの情報を盛り込む必要がある場合は、箇条書きにして文を分けます。

　プレイン・イングリッシュを書き、話すために、常に日本語を明確にし、ポイントは何かを考えます。日本語はポイントが曖昧でも、日本人同士なら前後の流れから想像して、相手が何を言いたいのか、理解し合えますが、英語の場合はポイントが曖昧になると何が言いたいのかが通じません。

発信者の覚悟「相手が
求めていることに応える」

　私は、これまで多くのアニュアルレポート（企業の年次報告書）制作の
お手伝いをさせていただきました。そうした中で、その企業の「アイデ
ンティティーが表現できているか？」を常に自分に問いながら関わらせ
ていただきました。

　アニュアルレポートは、以下のような投資家のニーズを満たしている
ものと考えています。

・サステナブルな経営が示されている
・ガバナンスが明示されている
・直面する課題と対策が明示され、進捗が示されている
・経営陣の志が明示されている
・欲する情報が適切に開示されている
・読みやすさが施されている

　そうしたことを意識するようになったきっかけは、2001 年から数年
間にわたり、ドイツの化学薬品メーカーのアニュアルレポートの日本語
版制作に携わったことです。その企業のアニュアルレポートは、表紙か
ら裏表紙までデザインに一貫性があり、文章はプレイン・イングリッシュ
で読みやすく品格のあるものでした。

　何より「ヨーロッパにおけるリーダーとしての確固たる地位からくる
自信と誇りがみなぎり、今後どのように業界を牽引していくのか。サス
テナブルに成長していくのか」、明確なメッセージが力強く語られてい

ました。

　ドイツ人社長のメッセージの部分だけは、責任者である広報室長自ら
が翻訳をし、提供されました。その日本語のメッセージは、簡潔で明快
であり、曖昧さも婉曲的な表現も一切ない、気持ちよいほど潔い文章で
した。

　それを目にしたとき、洗練された文章とは、こういう簡潔な文章のこ
とだと実感しました。

　無事にアニュアルレポートが完成した折に、その室長が私に広報の仕
事についてこんな話をしてくれました。

　「きっと浅井さんは広報の仕事が華やかで、格好いい仕事だと思って
いるんでしょ？　でもね、残念ながら想像とは全然違って、泥臭い仕事
ですよ。各部署を回り、製品や業務内容を深く、正確に理解して、リリー
スや記事を書きますが、限られた紙面に何を書くのかを責任をもって私
が決めるんです。時にベテランの研究者が怒鳴り込んできても、脅され
ても私は絶対に譲りません。なぜなら私がいちいち遠慮していたら、私
のいる意味がないからね。たとえば特許を得たような価値の高い技術だ
としても、こうしたレポートには、その技術のすごさや希少性ではなく、
**その技術が企業にどのような経営価値を生み出し、市場にどれだけのイ
ンパクトを及ぼすのか、社会にどのような便益をもたらすのかを訴える
必要があって、技術のこまごまとしたことは書けないんですよ。だから、
いつでも私が体を張ってそれを優先しなければならないのよ。**そのため
に相手が大男だって喧嘩しますよ。もちろん専門誌だったら、ちゃーん
とコト細かに説明しますけどね」

　と言った後に声高々に笑われましたが、私はそのときに広報という仕
事の責務と重責を知り、体中に鳥肌が立つのを覚えました。「情報の価値」
「伝える者の責任」、そして「覚悟」とは何かを学んだ一面でした。

情報発信者は、ただ単に情報を集め、配信してその責務が果たされるのではなく、読者に興味をもってもらい、情報を理解してもらうための工夫を施し、読者に次のアクションへつなげてもらうまでが、その責務の範囲であることを教えられました。

　そうした覚悟が根底にあり、ダイレクトに伝えるプレイン・イングリッシュがはじめて生きるのだと理解できました。プレイン・イングリッシュを使う場合、日本語よりもダイレクトになり、曖昧さがそぎ落とされるため、冗長な文章に慣れ親しんでいる日本人からすると、「こんなに明確に言い切った表現にして大丈夫だろうか？」と最初は躊躇し、発信するのに勇気を要することと思います。

　しかし、読者が忙しく1分1秒でも時間を惜しんでいる相手であれば、ぜひ使ってみてください。

　プレイン・イングリッシュを使ってみると業務効率が上がり、意思の疎通がスムーズになります。何よりも自分が何を言いたいのかが明確になり、自分自身が楽になります。

ビジネスでは「美しい」ではなく「伝わる」英語が大事

COLUMN ⑩

Neil van Wouw（バンワウ ニール）

株式会社バンテン代表
在日カナダ商工会議所　会頭

目的が明確になれば、人は前に進める

　来日して最初に驚いたのが、日本人の英語コンプレックスでした。世界に名だたる経済大国で、学校で十分な英語教育が行われているのに、皆が口を揃えて「英語ができない」と言うのです。しかし、英会話学校の講師として「できない」人にレッスンで接していくうちに、不足しているのは英語力ではなく、コミュニケーション力だとわかりました。「文法が間違っているかも」といった心配が先に立つようですが、アクションを起こさなければコミュニケーションは生まれません。間違ってもよいから自分の意見を言う。ぜひ思い切って、最初の1歩を踏み出してほしいです。

　もう1つ驚いたことが、英語検定などテスト対策の本が山のように出ていることです。検定そのものは、よく考えられた試験だと思います。ただし、テストの役割は、自分の目標に向かって実力をつけていく過程で、進行度をチェックすること。テストの得点や資格の取得を目的とするのは本末転倒です。何かに取り組むうえで最も大切なのは、何をしたいのか、目的を明確にすることだと思います。

相手が理解できるかどうかは、伝える側の責任

　企業や社会のグローバル化が進み、ビジネスにおけるコミュニケーションの在り方が問われるようになっています。トップダウン型の会社で、特定の人が決定権を握り、自由に意見を言えない環境では、些細なことが大きな問題に発展しかねません。最近相次いだ不正問題でも、ルール違反を知っていた人、それを報告しようとした人はいたはずで、コミュニケーションの不足や阻害が問題をより大きくしたのでしょう。

　日本の「ダイバーシティ」では、採用や働き方に焦点が当てられていますが、社員の考えや意見にも「ダイバーシティ」を浸透させる必要があると思います。最終的に同じ決定になったとしても、そこに至る過程でどれだけ多様な意見が出たか、議論を重ねたかによって、納得の度合いも変わってくるからです。発信した情報が相手に伝わるかどうかは伝える側の責任であり、本当に理解してもらえたかどうかの確認も、説明責任に含まれています。

　ビジネスにおけるコミュニケーションの目的は、美しい文章や完成度の高い文章を書くことではなく、内容を伝え、理解してもらうことです。ですから、多くの人に効率よく、わかりやすく伝えようとすれば、当然ながら文章もプレインでシンプル、そしてダイレクトな表現になるのは当然だと思います。

プロフィール

Neil van Wouw（バンワウ　ニール）
1998年に株式会社バンテンを創設。クラウドベースのデジタルサイネージのパイオニアとして、いち早く日本市場に進出。日本最初期のインターネットプロバイダーGlobal Onlineの元CTO。モットーは「テクノロジーをシンプルにすることが、効果的なコミュニケーションを生み出す」。日本を含むアジア各国で頻繁に講演活動を行う。現在は、在日カナダ商工会議所会頭を務める。プライベートでは3人の子供の父親で、ロックバンドのシンガーとしての顔ももつ。禅瞑想を35年にわたって実践。

難解な言葉や文を使うことが
賢さの証ではない

　どんなに素晴らしい意見・主張でも、自分以外の人（相手）に理解してもらえなければ意味がありません。ビジネスをするうえで私たちも気をつけるべき点です。

　本書で紹介した、GE の元 CEO であるジャック・ウェルチ氏、ハーバード白熱教室のマイケル・サンデル教授、世界有数のプレゼンターと称されたスティーブ・ジョブズ氏。彼らは難しい言葉を使わずに、自らの意見・主張を述べています。

　日本人ではジャーナリスト・池上彰氏、京都大学 iPS 細胞研究所所長・山中伸弥教授など、難しい内容を誰にでもわかりやすく平易な言葉で説明されます。難解な言葉や文を使うことが賢さの証ではありません。

　自分が意識してわざわざ文章をわかりにくく書く人はいません。しかし、結果的にわかりにくい文章になっていることは往々にしてあります。自らの意見・主張を明確に述べること、難しい言葉を使わないことを常に意識してください。

アインシュタインからのメッセージ

If you can't explain it simply, you don't understand it well enough.
もしあなたがそれを簡単に説明できないなら、あなたはそれを十分に理解していないのだ。　── アルバート・アインシュタイン

1905年アインシュタインが26歳のときに「特殊相対性理論」に関連した博士論文を大学に提出しました。しかし、大学側はその論文の内容が難解で理解できず受理されませんでした。そこで彼は、すかさず平易に「分子の大きさの新しい決定法」と書き換えた論文を提出し、無事に受理され、博士号を取得しました。

　どんなに素晴らしい理論でも、自分以外の人に理解してもらえなければ意味がないということをアインシュタインは経験から学び、同様の損失を招かぬよう、このような言葉を後世の私たちに残してくれました。

知っておくと役立つ
その他のヒント

代名詞を使用して直接呼びかける

① you で「不特定多数」に呼びかける

　特定の人への情報ではなく一般向けに不特定多数の人に向けて発信するときに、英語では you（「あなた」、または「あなたがた」）を使います。この場合の you は、読み手を含むすべての人を指します。日本語で一般論を述べるときは主語が省略されますが、英語の場合は代名詞 you を使用することで、読み手は文書の内容が自分に関係あると感じ、より自分のこととして受け止めてもらえます。また、行動することが自分の責任であることを意識してもらうことができます。

Copies of tax returns must be provided.
納税申告書の写しを提供する必要があります。

You must provide copies of your tax returns.
あなたは納税申告書の写しを提出する必要があります。

　不特定多数の読者、もしくは組織に対して文章を書く場合、たとえば**5人であろうと5万人であろうと、もしくは複数の会社の担当者宛てだろうと、ひとりの読み手に語りかけるつもりで、主語を you にして文書を作成します。**そうすることで誰に対して発せられているのか、その対象が明確になり、誤解が生じるのを防ぐのに役立ちます。

The applicant must provide **his or her** mailing address and **his or her** identification number.

申請者は、彼または彼女の郵送先の住所と彼または彼女の ID 番号を提供する必要があります。

You must provide **your** mailing address and identification number.

あなたは郵送先の住所と ID 番号を提供する必要があります。

The student must submit **his or her** application for financial aid before January 31st.

学生は彼または彼女の学資援助の申請を 1 月 31 日前に提出しなければなりません。

You must submit **your** application for financial aid before January 31st.

あなたは、あなたの学資援助の申請を 1 月 31 日前に提出しなければなりません。

The employee may schedule time with **his or her** supervisor to discuss his or her review.

従業員は彼または彼女の上司と時間を調整して、彼または彼女の評価について話し合ってください。

You may schedule time with **your** supervisor to discuss your review.

あなたはあなたの上司と時間を調整して、あなたの評価について話し合ってください。

②情報の発信者として we を使い、主体性を出す

　文書を作成する側や情報発信する側は、自分たちを we と表現することで、読み手により身近に感じてもらうことができ、主体性を感じさせる英語になります。

　さらに、代名詞を使用することで、文を短くでき、文書全体としても読みやすくなります。

　日本企業のトップメッセージの「わが社（もしくは弊社）は〜します」という文を英語にする場合、実際の会社名（例：AAA Corporation）を主語として翻訳した英文を目にしますが、法律文書のようで堅い印象となり、当事者意識が低い印象を受けますので、主語を「We」か「I」とするほうがベターです。

AAA Corporation aims to grow through reinvestment and acquisition.
AAA 社は再投資と買収を通じて成長することを目指しています。

We will reinvest and acquire to grow.
当社は成長のために再投資と買収を行います。

名詞を羅列しない

　政府の文書や専門文書では、名詞の羅列された見出しが使われています。一般的に別々に使用される名詞が3個羅列されると、読みやすさが損なわれます。

　名詞が続く場合、文法上は、最後の名詞以外の名詞は形容詞として扱われます。しかし、多くの読み手にとっては、読みながら名詞にたどりついたと思ったら、実はまだ形容詞化された名詞であったりすると、注意力が散漫になり、ストレスを感じます。

　必要ではない形容詞化された名詞の使用は抑え、混乱を避けます。ど

うしても複数の名詞を使用する必要がある場合、前置詞や冠詞を使用して、単語間の関係性を補うことで、混乱を最小限にとどめることができます。

Ministry of Internal Affairs and Communications Statistics Bureau, Economic Census Basic Survey
総務省統計局経済センサス基礎調査

Economic Census Basic Survey collected by the Statistics Bureau at the Ministry of Internal Affairs and Communications
総務省統計局によって行われた経済センサス基礎調査

Draft laboratory animal rights protection regulations
実験動物権利保護規制草案

Draft regulations to protect the rights of laboratory animals
実験動物の権利を守るための規制草案

　単語数が増え、文も書き換え前より長くなる場合もありますが、名詞の羅列を避け、前置詞や冠詞を使って、単語の関係性を明らかにした表現のほうが理解しやすいです。

スラッシュは使わない

　分数を表記する場合以外は、スラッシュは使わないでください。よくある and/or がその例です。多くの場合、書き手は and か or のどちらであるかを示すことを怠って、その判断を読み手にゆだねています。
　ただし、非常に珍しいケースで、and と or の両方を意味する場合があ

ります。それは、either X or Y or both（XまたはY、または両方のいずれか）
のような場合です。その場合は、すべての可能性を書き出しましょう。
スラッシュを使う場合、ハイフンのほうが適切なケースが多くあります。

A and/or B

A or B or both
A または B、または両方のいずれか

faculty/student ratio

faculty-student ratio
学生に対する教員の比率

You need to press the power button 5/6 times.

You need to press the power button 5-6 times.
電源ボタンを 5、6 回押す必要がある。

She is a singer/violin player.

She is a singer and violin player.
彼女は歌手でバイオリンも弾く。

プレインな表現が向かない場面も
複雑さが好まれる「交渉」の世界

COLUMN ⑪

奥田紀宏

東京海上日動火災保険株式会社 顧問
元外交官

交渉で目指すべきは、論破より、納得

　グローバル化に周回遅れをとっている日本では、「外国の人には理解できない機微」ばかりにこだわるのではなく、英語はもとより日本語でもプレインな表現を推進していく必要があるでしょう。ただし、言語生活にはさまざまな側面があって、プレイン表現が向かない場面もあります。交渉もその1つです。

　国連次席大使として外交交渉にも携わりましたが、世界各国の代表が集まる国連の決議案に使われる英語は、プレイン・イングリッシュには程遠いものです。ステークホルダーそれぞれが、自分たちにとって都合よく解釈できる文章にしようと、ひと言つけ加えたり、限定を避ける婉曲な表現への変更を要求したりするからです。

　交渉では、何をどう話すかを相手次第で変える必要があります。そこでは、平易な表現をするという言語のテクニックよりは、相手の腑に落ちるモノの言い方、間の置き方といった話術のテクニックが要求されます。最終的に目指すのは相手を論破したり、無理やり説得することではなく、相手の心の中で納得してもらうことだからです。国を代表しての交渉ともなれば、時には声を荒らげる、席を立つなどのパフォーマンスでカウンターパート（交渉相手）に対する怒りを示すといった駆け引きも必要です。

最近は「Win-Winの関係」がもてはやされているようですが、利害や意見の異なる中で、全員が満足のいく形に収まることはまずありません。たいていは、少し得をする人、少し損をする人がいて、全体として丸く収まるという「ゼロサムゲーム」になります。だからこそ、損をした相手にもいくらかは得があったように思わせる、相手の面子を立てる、そういう配慮をもって交渉にあたることも大切です。

事前準備と前段階交渉であちらもこちらも立てる

交渉で駆け引きを要するのは、目の前の相手だけとは限りません。むしろ身内、つまり会社であれば社内の調整も必要でしょう。周囲の思惑や判断を見極めることは一朝一夕にはできません。失敗を恐れずにそこから学ぶことも大切です。交渉力というのは、成功と失敗の両方を経験してこそ身につくものだと感じています。

プロフィール

奥田紀宏（おくだ・のりひろ）

1975年東京大学法学部卒業、外務省入省。1976年から78年までエジプトのAmerican University in Cairo等でアラビア語研修後、78年から1年間ロンドン大学のSOAS(School of Oriental and African Studies)で中東現代史を聴講。英語を体系的に学習したのは高校時代まで。英語圏での勤務は、ニューヨーク（国連代表部：4年半）、ワシントン（在米大使館：3年）、オタワ（在カナダ大使館2年）。国連関係の仕事を通じ、さまざまな母国語の人々のさまざまな英語と接する機会を得る。2017年12月在サウジアラビア大使を最後に外務省を退職。2018年5月より現職。

資料

読みやすさの指標について

　プレイン・イングリッシュのガイドラインを説明する前に、第2章で読み手や聞き手に応じた「読みやすさのレベル」を決定する必要があることを述べました。

　ここでは「読みやすさ」についての代表的な指標を2つ紹介いたします。読みやすさの指標は、「点数（0～100点）」または「アメリカの学年制度」を基準として評価します。

FRE（Flesch Reading Ease Formula）

　FRE は Flesch Reading Ease Formula（フレッシュ・リーディング・イーズ・フォーミュラ）の頭文字をとったものです。以下のようにして算出します。

$$206.835 - 1.015 \times ASL（1文あたりの平均単語数）- 84.6 \times ASW（1単語あたりの平均音節数）$$

　最高は100点で、高得点であるほど読みやすいとされていますが、現実的な理想（プレイン・イングリッシュ）は60～70点の間です。単語あたりの音節の数、1文あたりの単語数の平均をもとに評価します。音節の数で単語の難しさ、単語数で構文の複雑さを評価しています。

　理想とされる60～70点では、1文あたりの平均単語数は15～20語、ほとんどの単語が2音節で、ネイティブの中学2～3年生が理解できるレベルの単語です。アメリカの有名雑誌『リーダーズ・ダイジェスト』

は65点、また『タイム』は52点が基準となっているといわれています。

　点数が高いほど、読みやすく、理解しやすい英文であることを示し、点数が低いほど、読みにくい英文であることを示します。

　読みやすさを決める要素は、単語および文法と文の長さ（単語数）です。短い単語や短い文章は点数が高くなり、一読したときに文意が把握しやすいと言えます。「始まる」という言葉を使うのであればcommence ではなくstart を、「〜に関して」という言葉を使うのであればwith regard to ではなくabout を使ったほうが読みやすさが高まります。

　不特定多数の一般読者を想定したビジネス文書として最適な読みやすさのレベルは60 〜 70点です。

　使用する語彙の専門性が高く（専門性の高い単語ほど音節数が多い）、複雑な文法が使用されるほど、点数は低くなります。

　たとえば、あなたが情報配信する相手が、ある一定水準以上の専門知識のある人々のグループであれば、おのずと専門用語の使用が増えるため、点数も低くなるでしょう。

　一般に、アメリカの官公庁では、文書作成時に本指標のターゲット値が指定されます。たとえば、フロリダ州では、生命保険証書の内容はFRE 45点以上であることが義務づけられています。

FKG レベル（Flesch-Kincaid Grade Level）

　FKG レベルは Flesch-Kincaid Grade Level（フレッシュ・キンケイド・グレード・レベル）の略です。この指標は、アメリカの学年（日本の小学1年生は1、中学1年生は7）で表されます。スコアが8.3であれば、その英文はアメリカの平均的な8年生（日本の中学2年生）が理解できるとされています。以下のようにして算出されます。

$0.39 \times \text{ASL}$（1文あたりの平均単語数）$+ 11.8 \times \text{ASW}$（1単語あたりの平均音節数）$- 15.59$

　FKG レベルは文章の読みやすさのレベルを学校教育の年数で表しています。FRE のスコアを学年レベルに置き換え、よりわかりやすくしたものです。数値が高いほど難解な文章という評価になります。数値は7 〜 8 が理想的です。教師による教科書の選定のための基準をはじめ、広く使われています。

　その他の読みやすさの指標には以下のようなものがあります。

CLI：Coleman-Liau Index（コールマン・リアウ・インデックス）
GFI：Gunning Fog Index（ガニング・フォッグ・インデックス）
SMOG：Simple Measure of Gobbledygook（スモッグ）
ARI：Automated Readability Index（オートメーティッド・リーダビリティー・インデックス）

　興味があれば、ご自身で調べてみてください。

読みやすさを測るツール
English Readability Analyzer

　セルフチェックのためのツールで、JPELC（Japan Plain English & Language Consortium）の Web サイト（https://jpelc.org/readability/）にある English Readability Analyzer（イングリッシュ・リーダビリティー・アナライザー）が利用できます。または、エイアンドピープルの web サイト（https://www.a-people.com/readability）にも同じツールがあります。

　これは、今までに述べた FRE のスコアや FKG のレベル指標を基準と

し、瞬時に英文の読みやすさを測る便利なツールです。英文を書き終え
たら、https://jpelc.org/readability/ にある English Readability Analyzer
を使って、読みやすさを測定してください。テキストボックスにテキス
トをコピー＆ペーストし、「診断」ボタンを押すだけで瞬時に読みやす
さレベルを測ることができます。

　また、巻末の「単語の書き換えリスト」を参照して、レベルにあった
単語に置き換えればレベル調整の参考になると思います。

図表A－1　English Readability Analyzer

下のテキスト BOX に英文をペーストして、[診断] ボタンを押してください。
小数点や Mr. などのピリオドは事前に削除してください。

| 診断 | 全部消す |

診断結果

【読みやすさレーダー】

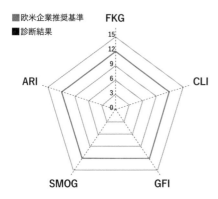

【FRE のスコア】

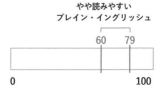

読み比べてみましょう ―― トランプ大統領のスピーチを用いての比較

　次に、同じ内容の文を学年レベルごとに書き換えて、イングリッシュ・リーダビリティー・アナライザーで診断してみました。

　第1章でトランプ大統領のスピーチ（現地の小学4年生レベル）を紹介しましたが、スピーチの一部とその書き換え例をレベルごとの英文で読み比べてみてください。

　使用されている言葉や動詞、文法を読み比べてみて、すんなり頭に入るのはどのレベルでしょうか。

　同じ内容の文章を書いても、言葉の選び方、表現方法、専門用語の選び方でレベルが異なります。

図表A－2　トランプ大統領のスピーチを分析する①

【Original】小学4年生レベル（FKG）

> Because our country doesn't win anymore. Doesn't win. We don't win with military, we can't beat ISIS. We have great military but we can't beat ISIS. We don't win on trade. You look at what China's doing to us, what Japan does to us, what Mexico is just killing us at the border—at the border and with trade. Mexico is killing us—absolutely. We'll do the wall. Don't worry. We're going to do the wall.
>
> We are going to do the wall and by the way, who's going to pay for the wall? Mexico's going to pay for the wall and it's very easy. The other politicians come down, "you can't get Mexico to pay for the wall." I said, "100 percent." We had a $58 billion trade deficit with Mexico. The wall is going to cost $10 to $12 billion, OK? Believe me, they will pay.

私たちの国はもはや勝つことはないのですから。勝たないのです。軍事でも勝てない。ISISも撃退できない。私たちは素晴らしい軍をもっていますが、ISISを倒せません。私たちは貿易でも勝てません。皆さん見てくださいよ、中国が私たちに何をしているか、日本が私たちに何をしているか。メキシコが国境でどれだけ私たちを困らせているか。国境でも、貿易でもそうです。メキシコは私たちを本当に困らせています。私たちは国境に壁をつくります。心配はいりません。壁をつくるのです。

　私たちは壁をつくります、そして、その壁のお金を誰が払うのか？　メキシコに払わせます。それは簡単なことです。ほかの政治家は「メキシコに壁の費用を払わせることなどできない」と私のところへやってきて言うので、私は「100パーセントできる」と言ってやりました。私たちはメキシコに対して580億ドルの貿易赤字があります。壁は100億から120億ドルでつくることができるのです。いいですか？　私を信じてください。彼らに払わせます。

小学校高学年でも理解できる、平易な文章です。

FRE	FKG	CLI	GFI	SMOG	ARI	学年レベル
85	4	6	6	5	0	小学生

図表Ａ－３　トランプ大統領のスピーチを分析する②

アメリカの８年生（中学２年生）レベル（FKG）

Our country struggles to succeed. For example, although we have a great military, we have not been able to defeat ISIS. Or, if you look at our situations in China, Japan, and Mexico, you notice that we are not successful with trade. Mexico, in particular, is hurting us at the border.

I am confident that we will build the wall and bill Mexico. Other politicians argue that I will not be able to persuade Mexico. However, we have a $58 billion trade deficit with Mexico and the wall will only cost $10 to $12 billion. This gives me full faith that Mexico will agree to fund it.

　私たちの国は勝つのに苦労しています。たとえば、強力な軍隊でも、ISISを打ち負かすことができていません。また、中国、日本、メキシコとの関係では、貿易でも勝てません。さらに、国境に接しているメキシコは、私たちを脅かしています。

　他の政治家は、メキシコを説得することはできないと主張していますが、私はメキシコとの国境に壁を建てることは実現できると考えています。メキシコとの貿易赤字は580億ドルで、壁の建設費用は100億から120億ドルです。メキシコが資金を提供することは当然であると考えています。

ターゲットレベルに対して、適切な文章表現です。

FRE	FKG	CLI	GFI	SMOG	ARI	学年レベル
65	8	9	10	8	5	中学2～3年生

図表A-4　トランプ大統領のスピーチを分析する③

【専門レベルがある程度同等な方向け】高校レベル（FKG）

Our country continues to struggle. Despite our superior military forces, we have not defeated ISIS. Our trade situations with China, Japan, and Mexico are unfavorable. With Mexico, in particular, we have concerns over border control.

Several politicians question my ability to persuade Mexico to fund the proposed wall. I remain confident in large part to our sizable trade deficit with Mexico. In contrast, the wall will only cost a fraction of this trade imbalance.

　わが国は苦労の連続です。優れた軍事力にもかかわらず、ISISを破ったことはありません。中国、日本、メキシコとの貿易状況は好ましくありません。特にメキシコでは、国境管理に懸念があります。

　壁の建設という提案に対して資金を提供するようメキシコを説得できるか、疑問を呈する政治家もいます。メキシコとの貿易赤字は大きいですが、対照的に、壁のコストはこの貿易不均衡のほんの一部を要するだけです。

専門用語や難しい用語が若干使われていたり、長い文章があります。

FRE	FKG	CLI	GFI	SMOG	ARI	学年レベル
40	10	15	12	10	8	高校1〜3年生

図表Ａ－５　トランプ大統領のスピーチを分析する④

【一般の人では読みにくいレベル】大学卒業レベル（FKG）

The country exhibits weakness in several key areas: ISIS remains a threat despite our formidable military presence; trade conflicts with China, Japan, and Mexico threaten our economic prosperity; and border control with Mexico creates unintended exposures to our national security policy.

Several politicians ponder whether Mexico will indeed fund my proposal. I stand firmly confident in light of our substantive trade deficit, understanding that the wall will only cost a fraction of this.

　わが国は複数の重要分野において弱点を有しています。例えば、強大な軍事力にもかかわらず、ISIS からの脅威は続いています。また、中国、日本、メキシコとの貿易紛争はわが国の経済的繁栄を脅かしています。さらには、メキシコとの国境管理において、国家安全保障政策に対する議論が巻き起こっています。

　メキシコが本当に私の提案に対して資金提供を行うか疑問に感じている政治家が複数存在します。私は、この提案が実現可能であることを確信しています。わが国の実質的な貿易赤字を考慮すれば、壁の建設費用の負担がメキシコの貿易黒字におけるわずかな割合であることが理解できます。

専門用語や難しい用語が若干使われていたり、長い文章があります。

FRE	FKG	CLI	GFI	SMOG	ARI	学年レベル
18	17	17	20	15	17	大学卒業以上

Wordでプレイン・イングリッシュ のチェックができる

Wordの文章校正機能を活用

　英文作成においては「文章校正」と「スペルチェック」機能は英語圏のネイティブスピーカーも活用する強い味方です。私たち日本人にとっても、英文を書くにあたり、なかなか気づきにくい、見落としがちになるスペルや文法の誤り、スタイルがおかしい部分などを指摘してくれます。

　ご存知ない方が多いのですが、Word（Office 365）には、プレイン・イングリッシュのガイドラインに沿った「スタイル設定」をすることができ、それをもとに文章校正をしてくれる機能が搭載されています。非常に便利な機能ですので使わない手はありません。

　もちろん、この機能さえ使えば完璧な英語が書けるという万能ツールではありませんが、より効率的にプレイン・イングリッシュで文書を作成することができます。

Wordの文章校正の追加機能の設定方法

　ここでは、この機能の特長および効率的な使用方法を紹介します。

　文章校正機能は、Wordの「ファイル」タブから「オプション」を選ぶと表示される「Wordのオプション」の「文章校正」から設定できます（※ここではMicrosoft Office 365 Business版の例を示しています。お使いのバージョンによって表示が異なる場合があります）。

図表A−6　マイクロソフトの Word の文章校正の設定画面①

　この画面中央の「Word のスペルチェックと文章校正」の項目が、機能設定に必要な部分になります。この5つのボックスをすべてチェックして、「文書のスタイル」のプルダウンメニューから「Grammar & Refinements」（文章校正と表現や表記上の考慮点）を選びます（表示されない場合は、ファイル内に英語を入力してみてください）。

　右の「設定」をクリックするとさらに詳細な設定ができます。スクロールしていくと、「Grammar」（文章校正）、「Clarity」（明瞭さ）、「Conciseness」（簡潔さ）、「Formality」（形式）、「Inclusiveness」（包括性）、「Punctuation Conventions」（句読点の規則）、「Resume」（履歴書）、「Vocabulary」（語彙）のセクションに分かれています。

8つのセクションの中で「Clarity」と「Conciseness」では、まさにプレイン・イングリッシュに関連する項目をチェック対象とすることができます。

Clarity

「Clarity」では図表A－7のようなチェック項目が現れます。

図表A－7　マイクロソフトの Word の文章校正の設定画面②

Adjective Order　形容詞の順序

Adverb Placement　副詞の配置

Complex Words　複雑な単語

Double Negation　二重否定

Incorrect Use of "That"　"That"の誤用

Jargon　専門用語

Passive Voice　行為者が判明している場合の受動態

Passive Voice with Unknown Actor　行為者が不明の場合の受動態

Sentence Structure　文の構造

Use of Euphemisms　婉曲語句の使用

Words in Split Infinitives (more than one)　分割不定詞の単語（2つ以上）

　このようにプレイン・イングリッシュのガイドラインである「シンプルな単語を使う」「専門用語は必要最小限に抑える」「能動態を使う」「二重否定を避ける」などがカバーされています。

Conciseness

「Conciseness」では図表 A − 8のようなチェック項目が現れます。

図表 A − 8　マイクロソフトの Word の文章校正の設定画面③

　この「Conciseness」のセクションも文章を簡潔にするためのプレイン・イングリッシュを書くうえで大切な要素です。

Conjunction Overuse　接続詞の使い過ぎ
Nominalizations　名詞化
Wordiness　くどい言い回し
Words Expressing Uncertainty　不確実性を表す単語

　必要な項目にチェックを入れ、「OK」を押せば、文章校正とスペルチェックを最大限に活用して文書を書く準備が整います。以上で設定は完了します。

文章を書き始めて、チェックを入れた項目に問題があると、二重線、点線、波線などが表れます。これらは文章校正とスペルチェック機能からのお知らせです。都度修正することも可能ですし、最後にまとめて修正したい場合は、ファンクションキーのF7を押して確認することも可能です。

文章校正機能を実際に使ってみる

　たとえば、文法の間違いをチェックするように設定したとします。「This new business plan make a big difference.」（この新しい事業計画は必ず大きな変化を生む。）という文を入力し、F7キーで文章校正をかけると、次のような画面で修正案が表示されます。主語がThis new business planと3人称単数ですので動詞はmakesと「s」が必要になります。

図表Ａ－９　文章校正のポップアップ①

修正が必要であれば、ここで修正し、このままでよい場合は、「無視」
をクリックします。

　プレイン・イングリッシュのガイドライン6の「能動態」を使ってい
るかどうかもチェックできます。

　「The meeting was attended by all team members.」（ミーティングはチー
ムメンバー全員が参加した。）という受動態の文を入力すると下のような修
正案が表示されます。

図表A-10　文章校正のポップアップ②

　ここで修正が必要な場合は修正し、あえて能動態を使用していない場
合は「無視」をクリックして、そのままにすることができます。

隠れた動詞もチェックできます。「Conciseness」の「Nominalizations」
です。たとえば「We made a decision to buy a house.」（私たちは家を購入
することを決定した。）という文を入れてみましょう。名詞の代わりに動詞
を使うかどうか、次のようにお知らせが出ます。

図表Ａ－11　文章校正のポップアップ③

　プレイン・イングリッシュでは強い動詞を使うことをお勧めしていま
す。ここでは、「made a decision」と弱い動詞を使用するより、強い動
詞の「decided」を使用するほうが適切です。候補が適切であれば適用
しましょう。
　以上、プレイン・イングリッシュの作成に役立つWordの機能を紹介
しました。非常に便利で、使いこなせるようになると文書の質を上げる
サポートをしてくれます。文書を作成するうえでもよい英語に対する意
識が高まるでしょう。しかし、これらの機能は、あくまで便利なサポー
トツールであり、絶対ではないということも心に留めておいてください。

単語の書き換えリスト

ビジネスでよく使われている単語とそれをより簡潔な単語に書き換えるためのリストを掲載しておきます。プレイン・イングリッシュで文章をつくるときの参考にしてください。

図表A－12　単語の書き換え例

よく使われている単語 ➡	より簡潔な単語	訳
/ (スラッシュ)	and, or	および、または
a and/or b	a or b or both	a または b、 または両方のいずれか
a number of	some	いくつかの
accompany	go with	添付する
accorded	given	与えられる
accordingly	so	したがって
accrue	add, gain	増加する
additional	added, more, other	追加の
address	discuss	検討する
advantageous	helpful	有利な
aircraft	plane	航空機
allocate	divide	配分する
anticipate	expect	予期する
apparent	clear, plain	明白な

よく使われている単語 ⟶	より簡潔な単語	訳
appreciable	many	かなりの
appropriate	（省略する）, proper, right	適切な
approximate	about	おおよそ
assist, assistance	aid, help	支援する、支援
attain	meet	到達する
attempt	try	試みる
benefit	help	恩恵
capability	ability	能力
caveat	warning	警告
component	part	構成要素
comprise	form, include, make up	構成する
concerning	about, on	〜に関して
consequently	so	結果として
consolidate	combine, join, merge	統合する
constitute	be, form, make up	構成する
contain	have	含む
convene	meet	招集する
currently	（省略する）, now	現在
delete	cut, drop	削除する
demonstrate	prove, show	実演する
depart	leave	出発する
designate	appoint, choose, name	指名する
desire	want, wish	望む
discontinue	drop, stop	中止する

よく使われている単語 ⟶	より簡潔な単語	訳
elect	choose, pick	選ぶ
eliminate	cut	除外する
employ	use	使用する
encounter	meet	遭遇する
endeavor	try	努力する
enumerate	count	数える
equitable	fair	公正な
evidenced	showed	〜によって明らかなように
evident	clear	明らかな
exhibit	show	展示する
expedite	hasten, speed up	〜を早める
expeditious	fast, quick	迅速な
expend	spend	消費する
expiration	end	満了
females	women	女性
finalize	complete, finish	仕上げる
forward	send	発送する
frequently	often	頻繁に
function	act, work	機能を果たす
furnish	give, send	供給する
herein	here	ここに
herewith	below, here	ここに
however	but	しかしながら
identical	same	同一の

よく使われている単語 →	より簡潔な単語	訳
immediately	at once	直ちに
impacted	affected, changed	～によって影響を受ける
inception	start	開始
indicate	show	表示する
indication	sign	兆候
initial	first	最初の
initiate	start	開始する
magnitude	size	規模の大きさ
maintain	keep, support	保持する
maximum	greatest, largest, most	最大の
methodology	method	手順
minimum	least, smallest	最小の
modify	change	変更する
monitor	check, watch	監視する
notify	let know, tell	告げる
numerous	many	多数の
objective	aim, goal	目標
obligate	bind, compel	義務づけられた
observe	see	観察する
operate	run, use, work	操作する
optimum	best, greatest	最善の
option	choice, way	選択肢
parameters	limits	限界
participate	take part	参加する

よく使われている単語 ⟶	より簡潔な単語	訳
perform	do	実行する
permit	let	許可する
portion	part	一部
possess	have, own	所有する
practicable	practical	実現可能な
preclude	prevent	～が起こらないようにする
previous	earlier	前の
previously	before	以前は
prior to	before	～に先だって
prioritize	rank	優先順位を決める
proceed	do, go ahead, try	開始する
proficiency	skill	熟練
promulgate	issue, publish	公表する
provided that	if	ただし～ならば
provides guidance for	guides	指針を与える
purchase	buy	購入する
regarding	about, of, on	～に関して
relocate	move	移転する
remain	stay	とどまる
remainder	rest	残り
remuneration	pay, payment	報酬
render	give	提供する
represents	is	～を意味する
request	ask	要求する

よく使われている単語 ⟶	より簡潔な単語	訳
require	need	必要とする
requirement	need	必要条件
reside	live	住む
retain	keep	保持する
said, some, such	the, this, that	上述の、ある、そのような
selection	choice	選択
solicit	ask for, request	懇願する
state-of-the-art	latest	最先端の
subsequent	later, next	後続の
subsequently	after, later, then	続いて
sufficient	enough	十分な
there is	（省略する）	～がある
therein	there	その場所に
thereof	its, their	それの
time period	（timeまたはperiodのいずれか）	期間
transmit	send	送信する
viable	practical, workable	実行可能な
whereas	because, since	であるがゆえに
witnessed	saw	目撃

基本英単語について

　英語の学習者に役立つ基本英単語リスト（New General Service List: NGSL）があります。

　NGSLのもととなるGSL（General Service List）とは、英語の学習者がはじめに覚えておくべき語彙のリストです。

　20世紀初頭に英語教育の専門家がカーネギー財団などの支援を受けながら、約500万語からなる当時としては巨大な英語のコーパスをもとに作成した約2000語の基本単語のリストです。2013年にブレント・カリガン博士、ジョセフ・フィリップス博士、チャールズ・ブラウン博士（Dr. Brent Culligan & Joseph Phillips、Dr. Charles Browne）が新たにリストを刷新し、2800語の最もよく使われている英語をNGSLとしてリスト化しました。NGSLはおそらく現時点で最強の「基本英単語リスト」と言えるでしょう。このリストを覚えた後に、アカデミック（963語：New Academic Word List）、TOEIC（1200語：TSL）、ビジネス（1700語：Business Service List）など用途に応じたリストを覚えることで語彙力を強化できます。

　Business Service Listはビジネスで頻繁に使用される単語リストです。New Academic Word Listは、大学などへの留学を目指している場合、授業の内容を理解しやすくするリストです。TSLはTOEICを受験する方が学習すべき単語リストです。下記を参照してください。

The New General Service List.

http://www.newgeneralservicelist.org./

Browne, C., Culligan, B. & Phillips, J. (2013).

おわりに
なぜ Plain English & Language なのか？

　インターネットの普及により私たちは情報を容易に得ることができるようになりました。気づけば多くの情報に囲まれ、無意識に、そして即時に取捨選択する毎日です。

　そうした人間の負荷を補うために、コンピュータの処理スピードは高まり、AIによるデータ解析や選別が可能となる一方で、多くの海外の情報も瞬時に自動翻訳がされ、その情報量は日に日に膨大化しています。

　中世エリザベス朝以前のイギリスでは、情報は一部の特権階級者のものでした。限られた情報の収集は困難であり、ようやく得られた貴重な情報を伝達する際には、出し惜しみするかのように直接的な表現を避け、相手を重んじ格式高く、冗長的な表現が用いられていました。当時のイギリスで使用されていた1文あたりの平均ワード数は50ワードと長くつくられていたことが、それを物語っています。

　産業革命以後、文明の進歩とともに情報量が急速に増えるにつれて、富とともに情報は産業資本家のものとなっていきました。情報は国をまたいで広範囲に明確に伝える必要性が高まると、1文あたりの平均ワード数は29ワードと1文内のワード数は半減しました。

　そして、現在のネットワーク社会で情報量は飛躍的に増大しました。そうした環境下で私たちはスピーディーに情報処理を行い、コミュニケーションすることが強いられています。現在の欧米のビジネス文章の1文あたりの推奨ワード数は17〜20ワードです。

　情報に修飾を施すことなく、誤解を生じないようダイレクトに表現し、

相手の時間を無駄にしないよう簡潔に、そして効果的表現を駆使し、20ワード内で情報を伝達する工夫がされています。

　そうした表現の効果と効率をルールとしてまとめたものがプレイン・イングリッシュのガイドラインです。

　現在、プレイン・イングリッシュで書かれる代表的なものが、アメリカ大統領の就任演説であり、ウォール・ストリート・ジャーナル、投資家向け IR 資料です。

　今後 IoT や SNS による情報量の増加の中で AI による情報処理能力はさらに高まるとしても、1 文あたりのワード数が増えることはないでしょう。なぜなら、子供も含め誰もがネットを通じて情報を手に入れられ、ユーザーになり得ます。消費者の不利益に影響する情報は公平・透明性をもって情報発信する義務が発信者側に課せられています。

　ネットでもリアルでも、そして人でもロボットでもグローバル化に伴い、生産性の向上とともに「言語の民主化」が求められているからです。

　いつの時代にも情報は戦いの勝敗を分ける重要なファクターです。情報の伝え方次第で、生きた情報にもなり、逆に捨てられる情報にもなり得ます。伝える側は、都度捨てられないために、情報の伝え方にも工夫を凝らしてきました。

「記述とは、ひとつの頭脳からほかの頭脳へとアイデアを伝えるための道具であり、記述する者の職務とは、容易にかつ正確に、言いたいことを読み手に把握させることなのです」

　1948 年にプレイン・イングリッシュの原型ともいえる英語の使い方について記した *Plain Words, A Guide to the Use of English* の著者、アーネスト・ガワーズはこのように記しています。

　最後に、本書の編集作業にあたり、翻訳者の内田彩香氏にはアメリカ政府の Plain English ガイドラインの翻訳にお力をいただきました。ま

たJPELC発起人であるサラ・イングマンソン（Sarah Ingmanson）氏と橘川真澄氏から本著の例文をアシストいただき、また編集者の黒坂浩一氏からも多くの誠意ある助言を受け、協力を得ました。心から感謝いたします。

参考文献

〈書籍・雑誌・レポート〉

Charrow, Veda R., Erhardt, Myra K. and Charrow, Robert P., *Clear & Effective Legal Writing, 4th edition*, Aspen Publishers, 2007.

Cutts, Martin and Maher, Chrissie, *Plain English Story,* Plain English Campaign, 1986 .

Flesch, Rudolf, *The Art of Clear Thinking*, Joanna Cotler Books, 1951.

——, *How to Write in Plain English, A Book for Lawyers and Consumers*, Harper and Rowe, 1979.

Garner, Bryan A., *A Dictionary of Modern Legal Usage, 2nd edition*, Oxford University Press, 1995.

——, *Guidelines for Drafting and Editing Court Rules*, Administrative Office of the US Courts, 1996.

——, *Legal Writing in Plain English*, University of Chicago Press, 2001.

——, *Garner's Modern American Usage*, Oxford University Press, 2003.

——, *Garner's Modern English Usage*, Oxford University Press, 2016.

Haddon, Catherine, *Reforming the Civil Service: The Efficiency Unit in the early 1980's and the 1987 Next Steps Report*, Institute for Government, 2012.

Kimble, Joseph, "Guiding Principles for Restyling the Federal Rules of Civil Procedure (Part 1)", *Michigan Bar Journal*, September 2005.

——, *Lifting the Fog of Legalese*, Carolina Academic Press, 2006.

——, *Writing for Dollars, Writing to Please: The Case for Plain Language in*

Business, Government, and Law, Carolina Academic Press, 2012.

Lauchman, Richard, *Plain Language*, Lauchman Group, 2009.

Murawski, Thomas A., *Writing Readable Regulations*, Carolina Academic Press, 1999.

The office of Investor Education and Assistance, *A Plain English Handbook*, U.S. Securities and Exchange Commission, 1998.

Plain Language.gov, *Federal Plain Language Guidelines, Rev.1*, The Plain Language Action and Information Network, 2011.

Redish, Janice C., *How to Write Regulations and Other Legal Documents in Clear English*, American Institutes for Research, 1991.

Schriver, Karen, *Dynamics in Document Design: Creating Text for Readers*, John Wiley and Sons, 1996.

Trudeau, Christopher R., "The Public Speaks: An Empirical Study of Legal Communication", *Scribes J. Leg. Writing*, 2012.

Wydick, Richard, "Plain English for Lawyers", *California Law Review, Volume66*, 1978.

——, *Plain English for Lawyers*, *5th edition*, Carolina Academic Press, 2005.

Zinsser, William, *On Writing Well*, *6th edition*, Harper Collins, 2001.

沖部望「英国における公務員を巡る議論と我が国への示唆」『平和研レポート』298J、2003 年。

谷藤悦史「英国における行政改革と公共サービス管理の変容—サッチャー政権からブレア政権の変革を中心に—」『季刊行政管理研究』行政管理研究センター 94 号、2001 年。

マーク・ピーターセン『日本人の英語』岩波書店、1988 年。

〈**Web サイト**〉

Elliot Schumacher, Maxine Eskenazi, A Readability Analysis of
Campaign Speeches from the 2016 US Presidential Campaign (2016).
https://pdfs.semanticscholar.org/74f9/e55c09159b8bc9c3c5a048c9014
00b265acc.pdf.

Language Technologies Institute, School of Computer Science, Carnegie
Mellon University.

McGinty, Kathy, Nine Easy Steps to Longer Sentences.
https://www.plainlanguage.gov/examples/humor/9easysteps.cfm

Office of the Federal Register, Document Drafting Handbook, 1998,
MMR 4. https://www.archives.gov/federal-register/write/handbook/

Office of the Federal Register, Document Drafting Handbook, 1998,
MMR-5. https://www.archives.gov/federal-register/write/handbook/
ddh.pdf

Office of the Federal Register, Document Drafting Handbook, 1998,
MMR-6. https://www.archives.gov/federal-register/write/handbook/
ddh.pdf

https://www.plainlanguage.gov/howto/wordsuggestions/simplewords.cfm

https://works.bepress.com/christopher_trudeau/1/

https://www.plainlanguage.gov

https://www.youtube.com/watch?v=xsEtVQCHYpE

https://www.ted.com/talks/michael_sandel_why_we_shouldn_t_trust_
markets_with_our_civic_life/transcript?language=ja

https://www.youtube.com/watch?v=L0XeQhSnkHg

https://ja.wikipedia.org/wiki/%E3%82%A2%E3%83%AB%E3%83%99
%E3%83%AB%E3%83%88%E3%83%BB%E3%82%A2%E3%82%
A4%E3%83%B3%E3%82%B7%E3%83%A5%E3%82%BF%E3%82
%A4%E3%83%B3

http://www.newgeneralservicelist.org/

https://www.plainlanguage.gov/howto/wordsuggestions/hiddenverbs.cfm

【著者紹介】

浅井満知子（あさい　まちこ）

株式会社エイアンドピープル代表取締役

青山学院大学経営学部卒業。同大学大学院国際政治経済学研究科修士課程修了。

IT企業を経て、翻訳会社に入社。

1998年翻訳・通訳会社「エイアンドピープル」を設立。英文IRを強みとする。2000年に日本の大手自動車メーカーのインド進出に向けた、英文ドキュメントをプレイン・イングリッシュ仕様で作成する要請を受け、プレイン・イングリッシュの戦略的で効果的な英文コミュニケーションを研鑽する。2010年から、日本IR協議会の支援のもと、上場企業の広報IR担当者向けのプレイン・イングリッシュのセミナーを毎年東京と大阪で開催。

2019年4月に、日本初のプレイン・イングリッシュの普及推進団体JPELC（ジャパン・プレイン・イングリッシュ・アンド・ランゲージ・コンソーシアム）を設立。

2019年11月よりプレイン・ランゲージ国際標準化 ISO/TC37委員。

アメリカ、イギリス、カナダ、オーストラリア　政府公認

伝わる短い英語

新しい世界基準Plain English

2020年4月16日発行

著　者──浅井満知子
発行者──駒橋憲一
発行所──東洋経済新報社
　　　　　〒103-8345　東京都中央区日本橋本石町 1-2-1
　　　　　電話＝東洋経済コールセンター 03(6386)1040
　　　　　https://toyokeizai.net/
装　丁…………橋爪朋世
ＤＴＰ…………濱井信作（コンポーズ）
印刷・製本……丸井工文社
編集担当………黒坂浩一
©2020 Asai Machiko　　Printed in Japan　　ISBN 978-4-492-04656-2